シェフが教える野菜のおいしい100皿

「ターブルオギノ」のDELIサラダ

荻野伸也

2007年、東京・池尻にフレンチレストラン「レストランOGINO（オギノ）」を開店して5年。2012年に、"毎日でも気軽に食べたくなる体にやさしいスローフードを、ファストフードのように提供したい"と代官山にオープンしたのが「ターブルオギノ」です。カフェスタイルのお店には、日替わりのサラダやレストランでも人気のパテ・ド・カンパーニュ、キッシュ、スープなどが並び、テイクアウトもできるようになっています。

お店で使う野菜は、毎朝全国の生産者から届きます。でも箱を開けるまで、何がどのくらい入っているか分からない。野菜を見て、食べてから、即興で組み合わせや味つけを考える。だからターブルオギノには、定番サラダがありません。毎日が"日替わりサラダ"なんです。さらにお店でもテイクアウトでもおいしく食べていただけるよう、"少し時間をおいてもいいサラダ＝DELI（デリ）サラダ"に仕立てています。

この本では、僕がいま一番おいしいと思うDELIサラダ100品をご紹介しています。中には野菜を軽く煮込んだり焼いたものもありますが、仕上げにドレッシングやハーブなどでフレッシュな酸味や香りをまとわせることで"サラダ"になる、というのが僕の考え方。ぜひ作って、「こんな組み合わせ、驚き！」「白菜は生で食べてもおいしいんだ！」といったサラダの楽しさを感じてください。

荻野伸也

Contents

ターブルオギノ流
おいしいDELIサラダ作りレッスン

主役の野菜が
引き立つことが何より大切！

旬だから、おいしそうだったから、畑で獲れたから……など、メインにする野菜はさまざまでしょう。でも、その主役の野菜を食べたなー、とはっきりと分かることが何より大切。そのためのひとつのポイントが、大きめに切ってなるべく目立つようにすること。また、葉野菜やさやいんげんなどを除き、ゆでた野菜の多くは水にとらず、ざるに上げてそのまま冷まします。こうすると湯気とともに表面の水分が飛んで水っぽくならず、おいしさをキープします。このように食感や持ち味を存分に味わえることが、サラダの楽しみです。

味つけはドレッシングで。
野菜に合わせた、からみやすい工夫を

サラダは、仕上げにドレッシングをしっかりとからませるのが基本。オイルで野菜全体をコーティングすることで口当たりがよくなり、おいしさがアップします。野菜を大きく切ると主役の存在感は増しますが、そのぶん味が入りにくくなります。野菜それぞれの"肌質"によってもドレッシングのからみ方が違います。サニーレタスなどの葉野菜なら手でちぎって、かさを増すだけでいいでしょう。セロリやかぶなど、生でも食べられる野菜は、薄く切ることでドレッシングがからむ表面積を広げます。味を吸いにくい根菜やいもなどは、焼いたり揚げたりして表面の水分を抜き、ドレッシングを吸い込みやすくします。表面がつるんとした野菜なら、濃度のついたどろりとしたドレッシングを合わせて、からみやすくしましょう。

脇役の素材でバランスをとって
主役を生かす

サラダは、実はすごく食べ飽きやすい料理です。同じ味、同じ食感が続くと、たっぷりと食べられません。それをもうひと口、もうひと口と食べたくなるようにするには、食感の違いや味の変化が大切です。

　たとえば、キャベツ。シャキッとして歯触りがよい野菜ですが、これといった強い味はありません。そこで全体にカレー風味をつけてインパクトを与えたり、ナッツを加える。菜の花やゴーヤのように苦みがある野菜には、フルーツで甘みのアクセントを加える。さつまいものように酸味がなくて甘み一辺倒のものには、ケイパーやマスタードで酸味や辛みをプラスする。さやいんげんや、ごぼうなど土臭くてアクの強いものには、それに負けない味の濃いドレッシングを合わせる。持ち味と違うベクトルの味をポイントとしてプラスすることで、バランスがぐんとよくなります。

フルーツやナッツ使いで
グレードアップ！

DELIサラダがおいしいだけでなく、おしゃれに見える秘訣がフルーツやナッツ！　これらを入れると色や香り、食感がよくなり、見た目にも彩りの変化がつきます。味の面では、ドライフルーツはやさしい甘さ、フレッシュフルーツは清涼感や甘さ、酸味が加わります。またナッツは少し強めにローストをして、良質なコクと香ばしさで満足感がアップします。言うなればもうひとつのドレッシング。ナッツはどんなサラダに入れてもいいくらいの万能選手です。同様に油揚げを焼いて入れると香ばしさとパリッとした食感が加わりGOOD！　とうもろこしや、長いもなど野菜を直接焼いて香りづけするのもいいですよ。

この本で使う
7種のドレッシング

この本では、荻野シェフオリジナルのドレッシング7種で味つけします。混ぜるだけで完成、作りおきもできる簡単レシピ。野菜を食べ飽きないように奥行きをプラスし、どなたにも好まれ、味が決まりやすいバランス。これさえ作っておけば、あとは野菜と組み合わせるだけ。おいしさの可能性が広がる、サラダを楽しむ最初のステップです。

※作ったドレッシングを入れる瓶は、使用前にきれいに洗って、水分が残らないようによく乾燥させておきましょう。夏場はとくに、水から火にかけて沸騰させて煮沸消毒したあと、風乾させるとより安心です。

野菜ドレッシング

香味野菜やにんじんをたっぷり入れた、濃厚なドレッシング。しょう油やにんにくも加わり、個性的な食材を組み合わせたサラダや淡い味の野菜にかけるだけで味がまとまります。"野菜を野菜で食べる"スタイルを楽しんで。

材料
玉ねぎ…140g　　にんじん…80g　　にんにく…20g
しょうが…30g　　しょう油…75ml
白ワインヴィネガー…100ml　　サラダ油…300ml

作り方
玉ねぎ、にんじん、にんにく、しょうがは皮をむき、ざく切りにする。これらと残りの材料をフードプロセッサーに入れ、よく攪拌する。瓶に入れて冷蔵庫で保存し、よくふって使う。2週間以内に使いきって。

ノーマルドレッシング

使い勝手がいい、万能ドレッシングがこれ！　どんな野菜とも相性がよいので、多めに作って保存しておくと便利です。オイルとヴィネガーが分離するので、使う前によくふるのをお忘れなく！

材料(作りやすい分量)
白ワインヴィネガー…100ml　　オリーブオイル…300ml
塩…4g　　粗びき黒こしょう…2g

★白ワインヴィネガーはお好みで別の酢に代えても。

作り方
瓶に材料をすべて入れ、蓋をしてよくふる。そのまま冷暗所で2週間保存が可能。

豆腐シーザードレッシング

マヨネーズの代わりに豆腐を使い、軽やかな味わいに仕上げました。でも、チーズを加えてあるから濃密な旨みもあります。粘度があるので素材にからませるだけでなく、仕上げのソースとしてかけても。

材料
木綿豆腐…½丁　　パルメザンチーズ(パウダー)…30g
にんにく(すりおろし)…10g　　白ワインヴィネガー★…70ml
オリーブオイル…130ml　　塩…6g　　粗びき黒こしょう…1g

★白ワインヴィネガーはお好みで別の酢に変えても。

作り方
材料をすべてフードプロセッサーに入れ、よく攪拌する。瓶に入れて冷蔵庫で保存する。冷蔵庫で10日間ほど保存可能。

ヨーグルトドレッシング

マヨネーズとケチャップを混ぜた、活用度の高いオーロラソースをヘルシーにアレンジ。マヨネーズの代わりにヨーグルトでまろやかな酸味をプラス。ヴィネガーや油は控えめにし、主役の野菜を引き立てるバランスに仕上げました。

材料
ヨーグルト(無糖) … 100g　　ケチャップ … 10g
ウスターソース … 8g　　はちみつ … 4g
にんにく(すりおろし) … 2g　　白ワインヴィネガー★ … 4㎖
オリーブオイル … 20㎖　　塩 … 1g
粗びき黒こしょう … 少々　　一味唐辛子 … 少々 (お好みで)

★白ワインヴィネガーをお好みで別の酢に変えても。

作り方
ボウルに材料をすべて入れ、泡立て器でよく混ぜ合わせる。瓶に入れて冷蔵庫で保存する。

フレンチドレッシング

一般的なものとは異なりますが、荻野シェフのフレンチドレッシングはこちら。マヨネーズがベースで、なめらかな口当たり。マスタードの酸味も相まって野菜がたくさん食べられます。いもやパスタとの相性も抜群。

材料
マヨネーズ … 50g　　水 … 10㎖　　粒マスタード … 10g

作り方
ボウルに材料をすべて入れ、泡立て器でよく混ぜ合わせる。なるべく使うたびに作るのがおすすめ。保存は冷蔵庫で1週間ほど。

アジア風ドレッシング

エスニックな風味で、野菜をたくさん食べたいときに。辛さのあとに、ほのかな甘み、そしてナンプラーの熟成香も加わり、奥行きのある味に仕上がります。から揚げやチャーハンなどにも活用できます。

材料
ナンプラー … 50㎖　　はちみつ … 30g
にんにく(すりおろし) … 2g　　酢 … 50㎖
サラダ油 … 150㎖　　一味唐辛子 … 小さじ½

作り方
瓶に材料をすべて入れ、蓋をしてよくふる。冷蔵庫で保存する。使う前によくふること。冷蔵庫で3週間保存可能。

ハニーマスタードドレッシング

7種類の中では一番甘みがあり、チーズなど個性の強い食材と合います。また、逆にきのこや淡い風味の野菜にも、アクセントとして活躍。しっかりからんで、サラダの完成度を高めるドレッシング。

材料
はちみつ … 40g★　　マスタード … 60g
オリーブオイル … 60㎖　　粗びき黒こしょう … 少々

★はちみつはメープルシロップに代えても。

作り方
ボウルに材料をすべて入れ、泡立て器でよく混ぜ合わせる。瓶に入れて冷蔵庫で保存する。冷蔵庫で2週間保存可能。

材料表の表記について

★ 大さじ1は15㎖、小さじ1は5㎖です。

★ 野菜は皮のついた状態で計量しています。計量したあと、皮をむき、種を取るなどして使用します。

★ オリーブオイルはすべて、エクストラヴァージンを使用しています。

★ 食塩は精製塩を使っています。

★ 材料表の★マークがついた食材は、他に代用できるものなどを紹介しています。
　お好みで代用していただいてもかまいません。

★ 野菜をゆでるときの塩はパーセンテージで表示しています。加える塩の量は水1ℓに対し、0.3％
　は小さじ½、0.6％は小さじ1、1.2％は小さじ2が目安です。

この本で使用するドレッシングの作り方は、p.8〜9に紹介してあります。

Chef's Adviceには荻野シェフから読者の皆さまへのおいしく作るメッセージを入れています。
　ぜひ参考にしてとびきりおいしく作ってください。

10

Part ❶

ターブルオギノ流
超ベーシックサラダ

人気のベーシックサラダ5品を、荻野シェフが徹底レッスン。ほんのちょっとの工夫やひと手間で、サラダは驚くほどおいしくなります。しっかり手元をお見せしますので、面倒くさがらずに、ぜひ真似してみて！作り慣れているメニューだからこそ、プロのテクニックで、今までにないおいしさを発見してください。

Basic Salad ❶
グリーンサラダ

ベーシックで一見簡単に思えるグリーンサラダ。
しかし、シンプルなだけに素材の扱い方や切り方などで
味がぐんと変わります。
一番大切なのは、葉野菜は水気が出やすいので食べる直前に作ること！
表面がつるつるしてドレッシングがのりにくいので、
からみやすくするために
小さく刻んだトマトや玉ねぎを入れるのもポイントです！

材料(2人分)
サニーレタス…3枚
玉ねぎ…½個
ミニトマト…3個
マッシュルーム(ホワイト) …1個
ノーマルドレッシング(p.8)…大さじ2

1

ボウルに水をたっぷりと入れて、サニーレタスを5分ほどつける。

◉ 葉野菜は使う前に水につけると、水分を吸って、シャキッとみずみずしい歯触りによみがえります。

2

1を手で4cm角ぐらいの大きさにちぎる。

◉ 手でちぎることで断面がギザギザになり、ドレッシングがからみやすくなります。

3

サラダスピナーやキッチンペーパーで2のサニーレタスの水気を<u>しっかり</u>と取る。

◉ 水分が残っているとドレッシングが薄まります。キッチンペーパーは軽く押さえて。強くもまないように。

4

玉ねぎは粗めのみじん切り、ミニトマトは5mm角のさいの目切り、マッシュルームは2mm厚さにスライスする。

◉ 小さく刻むとドレッシングがしみ込みやすく、それがサニーレタスに味ごとからんでくれます。

5

ボウルに3、4を入れ、ノーマルドレッシングを加える。<u>両手で</u>底から全体を<u>持ち上げる</u>ように、やさしくあえる。

◉ 葉ものは傷つきやすいので、スプーンなどを使わずに手であえましょう。

6

器に、ふんわりと盛り付ける。

◉ 葉をつぶさないように、やさしく山形に盛り付けて！

Chef's Advice

酸味のしっかりとしたノーマルドレッシングであえるので、すっきりとした爽やかな味わいに。箸休め的な副菜にしても大活躍です！

13

Basic Salad ❷
キャロットラペ

ビストロの定番でもあるこのサラダは、白ワインとの相性が最高!
作りたてももちろんおいしいですが、
一晩冷蔵庫で寝かせるとさらに味がなじむので、
僕の家でも常備菜としてよく作っています。
りんごやレーズンの甘みがにんじんのクセを和らげるので、
もりもり食べられます。

材料(2人分)
にんじん…2本
りんご…大¼個
レーズン…大さじ2
ノーマルドレッシング(p.8)…大さじ2

1

にんじんは皮をむき、ヘタを落とす。3mm幅にせん切りにするか、チーズおろし器などで削る。

○ 削る場合は、スライサーでもよいですが、チーズおろし器がベスト。断面がザラザラになり、ドレッシングとからみやすくなります。

2

りんごは皮つきのまま、3mm角の拍子木切りにする。

○ にんじんと同じサイズに切ることで、口当たりがよくなります。皮の食感がアクセントに!

3

ボウルに**1**、**2**、レーズンを入れ、ノーマルドレッシングを加えて、全体をよく混ぜる。

○ スプーンなどを使ってボウルの底から持ち上げるように混ぜ、ドレッシングをしっかりとからめましょう。

4

よく混ざったら、さらに10回ほどかき混ぜる。

○ 思っている以上に、にんじんはドレッシングがからみにくい素材。〝もういいかな〟と思っても、さらにしっかり混ぜ込んで。

Chef's Advice

にんじんはせん切りにすると独特な香りが強くなるので、甘みのある食材と組み合わせて、そのクセを和らげます。
はちみつを加えて全体に甘さをつけるよりも、りんごやレーズンで、ところどころに甘みを感じさせてアクセントにしましょう。

15

コールスロー

せん切りキャベツが主役のこのサラダ。
キャベツから、いかに余分な水分を出し、
その代わりにドレッシングを含ませるかが肝心。
柔らかく塩もみしたキャベツに、パリパリとした食感の生のにんじんを加え、
歯ごたえの違いを楽しむのがオギノ流。
白ごまの香ばしさにツナのコク、マヨネーズのやさしい味わいを加えて、
〝おかず〟的な食べごたえもプラス。

材料(2人分)
キャベツ…¼玉 　　マヨネーズ…大さじ2
にんじん…1本 　　ノーマルドレッシング(p.8)…大さじ2
ツナ(缶詰)…1缶(80g) 　塩…小さじ1
白いりごま…大さじ1

1

キャベツの芯を斜めに切り落とし、葉をはがすようにして2〜3ブロックに分ける。

🔵 一番外側の葉は堅いので、使いません。

2

キャベツを真ん中で折りたたむようにつぶし、<u>芯を垂直に断つ</u>ようにせん切りにする。

🔵 せん切り一片ごとに堅い芯の入る割合が少なくなり、繊維も断ち切られ、口当たりがよくなります。

3

ボウルに2のせん切りキャベツを入れ、塩をふり、キャベツがボキボキというくらいに<u>強く</u>もみ込む。

🔵 キャベツの繊維をつぶし、余分な水分を出しやすくします。

4

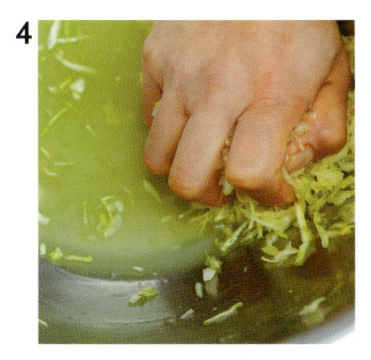

しんなりしたらそのまま5〜10分ほどおき、さらに水分を出す。両手できつく絞り、<u>しっかり水気をきって</u>別のボウルに入れる。

🔵 水分を出すとキャベツの口当たりが柔らかくなり、甘みもぐっと増します。ドレッシングの吸収もアップ。

5

にんじんは皮をむき、チーズおろし器かスライサーで3mm幅程度におろす。

🔵 スライサーなどの道具がない場合は、せん切りでもOK。チーズおろし器でおろすと、断面がザラザラになり、味がからみやすくなります。

6

5を4のボウルに入れて、ほぐすように混ぜる。油をきったツナとマヨネーズ、ノーマルドレッシングをよく混ぜ、さらに白いりごまを加えてよく混ぜ合わせる。

🔵 キャベツとにんじんは、はじめによくからませておきましょう。

Chef's Advice

キャベツの柔らかさとパリパリにんじん、2種類のせん切りの歯触りの違いを楽しんで。酸味の強いノーマルドレッシングにマヨネーズを加えることで、マイルドな味わいに。

17

Basic Salad ❹
焼き野菜サラダ

火を入れて野菜本来のおいしさを引き出したシンプルな一品ですが、
強めに焼くことで香ばしさを加えて、新しい味わいに。
大きめに野菜を切って食べごたえも出し、満足度をアップ。
温かいままで楽しむのはもちろん、
冷蔵庫で冷やしてもしっかりと味がしみ込んでおいしいですよ！

材料(2人分)

ズッキーニ…5〜6cm 長さ	かぶ…1cm 厚さ
かぼちゃ…適量	なす…2cm 厚さ
小玉ねぎ…1個	パプリカ (赤・黄) …各¼個
セロリ…7〜8cm 長さ	ノーマルドレッシング(p.8) …大さじ1
しいたけ…1個	オリーブオイル…大さじ3
カリフラワー…少し大きめの 　小房に分けたもの2個	

1

ズッキーニは少し斜めに1cm厚さの輪切りにする。かぼちゃは1cm厚さの食べやすい大きさに切る。小玉ねぎは縦半分に、セロリは斜めに1.5cm幅に切る。しいたけは軸を取り、半分に切る。かぶは縦半分に、なすは1cm厚さの輪切りにする。パプリカ2種は縦に2cm幅に切る。

🔵 **すべての食材を、両面に焼き色をつけたときにちょうど火が入る厚み、サイズで切りましょう。**

2

フライパンにオリーブオイルを入れ、中火にかける。すぐに1のズッキーニ、かぼちゃ、玉ねぎを入れる。続いて、セロリ、しいたけ、カリフラワーを入れ、最後にかぶ、なす、パプリカを入れる。

🔵 **まずは、火が通りにくい野菜から焼き始めます。**

3

片面に焼き色がついたら裏返し、もう片面も<u>じっくりと焼く</u>。途中、鍋肌が乾いてきたら追加でオリーブオイル(分量外)を入れる。

🔵 **焼き色が旨みの素。フライパンをゆすると焼き色がつかないので、じっくりと待つこと！**

4

きれいな焼き色がついたら火を止める。すぐにノーマルドレッシングを加えて、<u>フライパンの中で</u>全体をよく混ぜる。

🔵 **温かいうちにドレッシングをからませると、味がしみ込みやすくなります。**

Chef's Advice

野菜の厚みがおいしさの秘訣！ ある程度の厚みをもたせることで、表面が香ばしく中はほっくり、ジューシーに焼き上がります。

Basic Salad ❺
ポテトサラダ

子どもから大人まで大好きなポテトサラダ。
僕は、なめらかな口当たりの中に、少しじゃがいもの粒が残るぐらいが好み。
メリハリのないフラットな味にならないように、
粒マスタード入りのフレンチドレッシングと組み合わせました。
さらに、スイートコーンやパセリを合わせると、
食感が楽しくなり、味も引き締まります！

材料(2人分)
じゃがいも…大1個
スイートコーン(缶詰)…大さじ3
パセリ(みじん切り)…大さじ山盛り2
半熟玉子…1個
フレンチドレッシング(p.9)…大さじ2
塩…ひとつまみ

1

じゃがいもは皮をむいて2cm厚さの輪切りにし、鍋に入れて、じゃがいもが浸るぐらいの水を入れ、0.3％の塩(分量外)を加えて強火にかける。

○ じゃがいもなどのいも類や根菜類は、中まで均一に火を通すために、水から火にかけてじわじわゆでて。

2

沸騰したら弱火にし、柔らかくなるまで15分程度ゆでる。

○ ゆで上がりの目安は、菜箸などあまり先がとがってないものを刺し、すっと通るぐらい。

3

ざるに上げ、水気をきる。じゃがいもを鍋に戻して火にかけ、水分を飛ばして粉ふきにしながら木べらでマッシュする。

○ 鍋底に白い粉がふいたら、水分が飛んだ証。風味がアップします。

4

ボウルに**3**と、スイートコーン、パセリ、フレンチドレッシングを入れ、スプーンなどで全体をよくあえる。塩を加えて軽く混ぜ、味をととのえる。

○ じゃがいもが温かいうちにドレッシングとあえて、中まで味を含ませて！

5

器に**4**を盛り、半熟玉子を半分に切って、上にのせる。

○ お好みでポテトサラダだけ食べても、半熟玉子を混ぜ込んで食べてもおいしい。卵が加わるとさらにマイルドな味わいに。

全部がピューレ状になるまでマッシュすると、じゃがいもの存在感がなくなります。ほんの少し粒を残し、じゃがいものほっくり感を味わえる程度にするのが僕の理想です。

菜の花のポテトサラダ

春の苦みの野菜と合わせることで、まったりとした味の
ポテトサラダが、少しインパクトのある大人味に。
甘いレーズンやおだやかな風味のフェタチーズを加え、
苦みとのバランスをとっています。

材料(2人分)
じゃがいも…大1個
菜の花…½束
フェタチーズ…50g
レーズン…大さじ1
フレンチドレッシング(p.9)…大さじ2

作り方
1 じゃがいものマッシュを作る(p.21作り方1〜3)。
2 鍋に湯をたっぷりと沸かし、0.3%の塩(分量外)を加
　え、菜の花を入れて10秒ゆでる。ざるに上げ、すぐに
　氷水に入れて冷ます。水気をよく絞り、1cm幅程度の
　ざく切りにする。
3 ボウルに1と2を入れ、フェタチーズを手でちぎって
　加える。レーズンとフレンチドレッシングを加え、よ
　く混ぜ合わせる。

Chef's Advice 菜の花のない季節は、香りが強く苦みがある野
菜で代用してもOK。たとえば、チンゲン菜やほうれん草、春菊、
トレヴィスもよく合います。葉野菜の風味が残るように、ゆで
すぎには注意。

きのこのポテトサラダ

にんにくと一緒に炒めたきのこを加えて、
お酒にピッタリな〝おつまみポテトサラダ〟に。
クラッカーにのせたり、サンドウィッチにしても。

材料(2人分)
じゃがいも…大1個
エリンギ…2本
しいたけ…1個
マッシュルーム(ホワイト)…3個
にんにく(みじん切り)…小さじ1
パセリ(みじん切り)…大さじ山盛り2
フレンチドレッシング(p.9)…大さじ2
オリーブオイル…大さじ2
塩…小さじ½
粗びき黒こしょう…少々

作り方
1 エリンギ、しいたけ、マッシュルームを2cm角に切る。
2 フライパンにオリーブオイルを強火で熱し、1を入れ
　て炒める。フライパンはゆすらず、焦げ目を少しつけて。
3 きのこに焼き色がついたら塩、粗びき黒こしょうで調
　味し、にんにくを加え、にんにくの香りが立つまで炒
　める。火を止めてパセリを加えてよく混ぜ合わせ、人
　肌程度になるまで冷ます。
4 じゃがいものマッシュを作る(p.21作り方1〜3)。
5 ボウルに4と3を入れて、フレンチドレッシングを加
　え、よく混ぜ合わせる。

Chef's Advice きのこは焦げ目をつけるように炒めると余分な
水分が抜けて、香りや甘みが引き立ちます。また、きのこを冷
ますことで中までしっかりと味がつきますよ。

Part ❷

野菜のサラダ

見た目が美しく、味わいも豊かな野菜たち。みずみずしい清涼感や緑の香りに、ドレッシングの味わいが溶け合って、これぞサラダの醍醐味が楽しめます。それだけに、さまざまな野菜同士の味がばらけることなく、まとまることを心がけて。ひと口食べるごとに驚きがあるレシピをご紹介しましょう。

フルーツトマトのカルパッチョ

大人気の糖度が高く味の濃いフルーツトマトを、〝ザ・主役〟にしたサラダがコレ。
味が濃厚で、そのままでもおいしいトマトが、数種類の野菜で作るドレッシングをかけて野菜＋野菜にすることで、
いっそう深い味わいに。チーズをふるだけで、見た目も華やか。

材料(2人分)
フルーツトマト…3個
ケイパーの酢漬け…大さじ1
パルミジャーノ・レッジャーノ
　（粉末でも可）…適量
野菜ドレッシング(p.8)…大さじ2
オリーブオイル…大さじ1

作り方
1 フルーツトマトはヘタを取り、横に1cm厚さの輪切りにする。
2 皿に1を並べ、ケイパーの酢漬けを散らす。野菜ドレッシングとオリーブオイルを回しかけ、パルミジャーノ・レッジャーノをピーラーなどで削り、散らす。

Chef's Advice フルーツトマトは先端がとがっていて、そこから放射状に黄色の筋がはっきりと入っているものがおすすめ。味が濃く、甘みも格段に違いますよ。トマトを生で食べるときはフルーツトマトやミニトマトなど味の濃いものを使いましょう。普通のトマトは、加熱したほうが甘みや酸味が引き立ちます。

春野菜とミントのタブレ

いちごが色鮮やかなビストロ仕立てのタブレサラダ。
でも、食べるとナンプラーの香りが口いっぱいに広がるアジア風。そのギャップが楽しい一皿です。
ほろ苦さやまだ若々しい青い香りの春野菜、そこにミントをふんだんに使い、清涼感あふれる味わいに。

材料(2人分)
クスクス…50g（戻すと約100g）
そら豆…10個
アスパラガス…4本
菜の花…5本
豆苗…1パック
いちご…4個
ミント…15枚
アジア風ドレッシング(p.9)
　…大さじ3

作り方
1 クスクスを戻す。ボウルにクスクスを入れ、熱湯50mℓを注ぎ、塩ひとつまみ(分量外)を加え、軽く混ぜる。ラップをかけて10分ほど蒸らす。
2 鍋にたっぷりの湯を沸かし、0.3%の塩(分量外)を入れ、野菜を下ゆでする。そら豆は30秒、アスパラガスは1分。菜の花は10秒が目安。豆苗は根を切り落として湯に入れ、さっと2秒ほどゆでる。それぞれ、すぐにざるに上げて冷水に取る。冷めたら水気をよくふき取る。
3 2のそら豆は皮をむき、アスパラガス、菜の花、豆苗は4cm長さに切る。いちごはヘタを切り落とし、縦4等分にする。
4 ボウルに1、3、ミントを入れ、アジア風ドレッシングを加えてよく混ぜ合わせる。

Chef's Advice 野菜のさまざまな食感もこのサラダのおいしさの一つなので、下ゆではさっと短時間で行い、歯ごたえを残しましょう。アスパラガスだけは少し長めですが、これで甘みがぐっと引き立ちます。

クスクスは世界最小の粒状パスタ。ゆでる必要はなく、お湯で戻すだけで使えます。約2倍量にふくれます。

フルーツトマト、きゅうり、ミントのタブレ

クスクスを使ったサラダ〝タブレ〟はフランスの人気そうざい。
きゅうりやトマトなどのみずみずしい夏野菜にミントをたっぷりと合わせ、爽やか仕立てに。
レモンの酸味をたっぷりと吸ったクスクスが口の中でホロホロと広がり、野菜にも味がしっかりからみます。

材料(2人分)
フルーツトマト…2個
きゅうり…1本
ミント…1パック
クスクス…50g（戻すと約100g）
クラッカー…5枚
にんにく（すりおろし）…小さじ1
レモン果汁…1個分
ノーマルドレッシング(p.8)
　…大さじ2
塩…小さじ½

作り方
1 クスクスをボウルに入れ、熱湯50mℓを注ぎ、塩ひとつまみ（分量外）を加え、軽く混ぜる。ラップをかけて10分ほど蒸らす。
2 フルーツトマト、きゅうりはヘタを取り、1cm角に切る。ミントはざく切りにする。
3 ボウルに1、2を入れ、クラッカーを手で適当に割って加え、残りの材料も加えてよく混ぜ合わせる。

Chef's Advice レモン果汁をたっぷりと入れて、酸味をかなりきかせてキリッとした味わいに。酸味に負けないよう、塩もやや多めにしましょう。

ミニトマト、バジル、マカロニの柚子こしょう風味サラダ

おかずサラダの王道、マカロニサラダにトマトとバジルの黄金コンビを合わせ、
クリーミーな豆腐のドレッシングであえて大人っぽい味わいに。
どなたにも好まれる組み合わせに、柚子こしょうでピリッと刺激をプラス。

材料(2人分)
ミニトマト…6個
バジルの葉…8枚
マカロニ(ペンネ)
　…20g（ゆでると約40g）
柚子こしょう…小さじ1
豆腐シーザードレッシング(p.8)
　…大さじ2
オリーブオイル…小さじ1

作り方
1 鍋にたっぷりの湯を沸かし、0.3％の塩（分量外）を加え、マカロニを表示時間より1分長くゆでる。ざるに上げ、流水で冷やし、よく水気をきる。オリーブオイルを全体にまぶす。
2 ミニトマトはヘタを取って、縦半分に切る。バジルは手でひと口大にちぎる。
3 ボウルに、1、2、残りの材料を加え、よく混ぜ合わせる。

Chef's Advice　マカロニをサラダに使うときは、表示時間より1分長めに。時間通りだと、サラダには堅すぎます。柔らかめにゆでてから流水で締めると、食感が残りながら味のからみがよくなります。

アスパラガスのミモザサラダ

主役のアスパラガスをダイナミックに味わうため、取り合わせる食材は薬味のような役割に。
そのため細かく切り、あえて存在感を弱くして全体に散らします。ケイパーで熟成した塩気、ゆで玉子でコクを添えて。
ミントの香りがアスパラガスの青々しさを際立たせます。

材料(2人分)
アスパラガス…5本
ミント…½パック
ゆで玉子…I個
ケイパーの酢漬け…大さじI
ノーマルドレッシング(p.8)
　…大さじ2

作り方

1 アスパラガスは下半分の堅い皮をむく。

2 鍋にたっぷりの湯を沸かし、0.6％の塩(分量外)を加え、1を1分ほどゆでる。ざるに上げて常温になるまで冷ます。

3 ミントは粗みじん切りにする。ゆで玉子は、みじん切りにする(ミモザ玉子)。

4 長めの皿に2を盛る(はみ出す場合は半分に切る)。3のミモザ玉子、ケイパーの酢漬け、ミントをふり、仕上げにノーマルドレッシングをかける。

Chef's Advice 常温のほうがアスパラガスの風味がしっかりと味わえるので、冷蔵庫で冷やさないように。アスパラガスはゆで時間を短くして余熱で火を入れ、食感を残しながら甘みを引き出します。

アスパラガスとオレンジのサラダ

緑色のアスパラガスとオレンジのコンビが、目にも美しいサラダ。
口に入れると、爽やかな酸味に隠れたピリッとした辛さがアスパラガスの甘みを引き立てて、驚くことでしょう。
その秘密はかくし味のラー油。オレンジのほのかな甘みもより強く感じられます。

材料（2人分）
アスパラガス…5本
オレンジ…1個
ノーマルドレッシング（p.8）
　…大さじ2
ラー油…小さじ½

作り方
1　アスパラガスは下半分の堅い皮をむく。
2　鍋にたっぷりの湯を沸かし、0.6％の塩（分量外）を加え、**1**を1分ほどゆでる。ざるに上げて常温になるまで冷ます。
3　**2**を4cm長さの斜め切りにする。オレンジは小房に分けて、薄皮をむく。
4　ボウルに**3**を入れ、残りの材料も加えてよく混ぜ合わせる。

Chef's Advice　オレンジはゴロッと1房のまま使うことで、口に入れたときに甘酸っぱい果汁がじゅわーっと広がります。アスパラガスよりもオレンジが小さくならないようにして、味のバランスをとりましょう。

カレー風味のキャベツサラダ

定番のコールスローサラダが、みんなが大好きなカレー味に変身。
チーズの旨み豊かなドレッシングとカレー粉が一体化していっそう深い味わいになり、
たっぷりに見えるキャベツも、最後まで食べ飽きないおいしさに。

材料(2人分)
キャベツ…¼個
カレー粉…小さじ½
豆腐シーザードレッシング(p.8)
　…大さじ3
塩…小さじ1

作り方
1 キャベツをせん切りにしてボウルに入れ、塩をふって強くもみ込む。5〜10
　分おき、手でしっかりと水気を絞る(p.17作り方1〜4)。
2 別のボウルにカレー粉と豆腐シーザードレッシングを合わせ、1を加え、よ
　く混ぜ合わせる。

Chef's Advice せん切りキャベツは
しっかり塩もみすると繊維がほぐ
れ、甘みが出てきます。カレー粉は
味をみながらお好みで調整してくだ
さいね。献立の副菜にもなる、活用
度の高い一品です。

塩もみキャベツと練りごまのサラダ

塩もみしたキャベツに調味料をあえるだけ、とにかく簡単なデリサラダ。
ごまのまろやかでコク深い味わいにしっかりと酸味がきいたドレッシング、さらにレモンで爽やかな酸味をプラス、
サラダらしくキレよく味わえます。

材料(2人分)
キャベツ…¼個
白練りごま…大さじ2
レモン果汁…½個分
ノーマルドレッシング(p.8)
　…大さじ3
塩…小さじ1

作り方
1 キャベツをせん切りにし、ボウルに入れ、塩をふって<u>強くもみ込む</u>。5〜10
　分おき、手で<u>しっかりと水気を絞る</u>(p.17作り方**1〜4**)。
2 ボウルに**1**と残りの材料を入れ、よく混ぜ合わせる。

Chef's Advice キャベツはしっかり水気を絞るとかたまりになるので、味をムラなくなじませるため、ほぐしながらボウルに入れ、通常よりしっかり混ぜるといいでしょう。おろしにんにく小さじ½やクミンパウダー小さじ¼を加え、アレンジするのもおすすめ!

自家製シュークルート

フランス・アルザスの郷土料理、キャベツを乳酸発酵させた酸っぱいシュークルート。
クミンをきかせた白ワインとヴィネガーで煮込んで、即席で作ります。このおいしさが凝縮したキャベツを、
ハニーマスタードドレッシングで複雑な味わいに。こっくりとした甘さとマスタードの軽やかな酸味が味をまとめます。

材料(2人分)
キャベツ…¼個
玉ねぎ…¼個
にんにく(みじん切り)…小さじ1
A
　白ワインヴィネガー…50㎖
　白ワイン…100㎖
　クミンシード…小さじ1
　ネズの実(あれば。細かく切る)
　　…3粒
ローリエ…2枚
お好みのソーセージなど…適量
ハニーマスタードドレッシング(p.9)
　…大さじ4
オリーブオイル…大さじ2
塩…小さじ1

作り方
1 キャベツをせん切りにする(p.17作り方1〜2)。玉ねぎは薄切りにする。
2 鍋にオリーブオイルを入れて弱火で熱し、にんにくと1の玉ねぎを入れて炒める。玉ねぎがしんなりしてきたら1のキャベツを加え、軽く混ぜ合わせる。Aと塩、ローリエを加え、蓋をして40分煮込む。煮終わりの5分前にお好みのソーセージなどを加える。
3 火を止め、ハニーマスタードドレッシングを加え、よく混ぜ合わせる。

Chef's Advice アルザス地方では、シュークルートをソーセージや厚切りベーコンなどと煮込んでお互いの味を含ませて、肉類はさっぱりと、キャベツは肉の旨みでおいしくします。それをサラダにアレンジしたら…、それが発想の原点となった一品です。

紫キャベツ、りんご、セロリのサラダ

美しい紫色をしたキャベツは、デリサラダに彩りを添えるのにぴったりの食材。
通常のキャベツよりも苦みが強いので、僕は果物の甘みでバランスをとります。ここではりんごを皮つきのまま大きめに切って
味のボディを強くしています。セロリの青い香りと食感で、サラダらしいシャキッとした印象に。

材料(2人分)
紫キャベツ…⅙個
りんご…½個
セロリ(真ん中の部分)…½本
フレンチドレッシング(p.9)
　…大さじ2

作り方
1 紫キャベツをせん切りにする(p.17作り方1〜2)。りんごは表面をよく洗い、
皮つきのまま5mm角の拍子木切りに、セロリは2mm厚さの斜め薄切りにする。
2 ボウルに1を入れ、フレンチドレッシングを加えてよく混ぜ合わせる。

Chef's Advice セロリは、サラダには香りと食感のバランスがいい茎の中間部分を使う
のがおすすめ。葉は香りが強いものの食感が堅く、下にいくほどみずみずしく歯触りがや
さしくなりますが香りは弱くなります。

紫キャベツといちじく、ゴルゴンゾーラのサラダ

ほろ苦い紫キャベツに、甘いドライいちじく。そこにブルーチーズとくるみを加え、
濃厚な味を掛け合わせた、パンによく合うおそうざいサラダ。しっかり甘みが感じられる味つけで全体のバランスをとります。
目にも鮮やかでワインにも合う、これぞフレンチ・デリ！という一品。

材料(2人分)
紫キャベツ…⅙個
ドライいちじく…3個
くるみ…5個
ブルーチーズ★…40g
ハニーマスタードドレッシング(p.9)
　…大さじ3

★ここではゴルゴンゾーラを使用。

作り方
1 紫キャベツをせん切りにする(p.17作り方1〜2)。ドライいちじくは2mm厚さ程度にスライスする。くるみは手で軽く割る。
2 ボウルに1を入れ、ブルーチーズを手でほぐしながら加え、ハニーマスタードドレッシングも入れて、よく混ぜ合わせる。

Chef's Advice 紫キャベツは味の個性が強いので、強い香りの食材と合わせるとお互いが引き立ちます。いちじくは甘さが引き立つよう、厚めに切り分けます。ワインのおつまみのスタンダード、はちみつ＆チーズの組み合わせでワインにも合いますよ。

スティックサラダ バーニャカウダ風

イタリアのおつまみサラダ、バーニャカウダのソースを、
後口のさっぱりした豆腐シーザードレッシングでヘルシーにアレンジ。
野菜をシンプルに味わいつくす一品です。
ごくシンプルなレシピだからこそ、野菜の大きさをそろえ、彩りや食感などに気を配って。

材料(2人分)
アスパラガス…3本
ブロッコリー
　…小房に分けたもの 3個
パプリカ(赤・黄)…各½個
セロリ(真ん中の部分)…½本
にんじん…½本
水なす…1本
かぶ…½個
フルーツトマト…1個
マッシュルーム(ホワイト)…2個
トレヴィス…1枚
豆腐シーザードレッシング(p.8)
　…適量

作り方

1 アスパラガスは下半分の堅い皮をむき、長さを半分に切る。

2 鍋にたっぷりの湯を沸かし、0.6％の塩(分量外)を加え、**1**とブロッコリーを入れて1分ゆでる。ざるに上げ、常温になるまで冷ます。

3 パプリカ2種は縦に1.5cm幅に切り、セロリとにんじんは1.5cm角の拍子木切りにする。水なす、かぶは縦4等分にする。フルーツトマトはヘタを取って縦4等分にし、マッシュルームは縦半分に切る。トレヴィスは手で5cm程度の大きさにちぎる。

4 器に**2**、**3**を盛り、豆腐シーザードレッシングを別の器に入れて添え、野菜をつけていだく。

Chef's Advice ドレッシングが濃厚なので、野菜は大きめにカット。水なすはみずみずしくアクが少ないので、生でもおいしい品種。ぜひ時季にはお試しを！ 盛るときは、異なる色の食材同士を重ねるようにするのがコツ。彩りがよくなりますよ。

アボカド、トマト、豆苗のヨーグルトサラダ

ミントとヨーグルトは暑いインドや中東でよく見られる組み合わせで、酸味と香りでとても爽やかな食べ口。
クリーミーなアボカドの個性を邪魔せず際立たせてくれます。
ほかにシャキッとした豆苗で食感を、トマトでジューシーさをプラス。タバスコのほんのり辛さも加わり味の変化を楽しみます。

材料(2人分)
アボカド…1個
豆苗 ★1…½パック
ミニトマト…6個
ミント…½パック
レーズン…大さじ2
ヨーグルトドレッシング(p.9)
　…大さじ3
タバスコ…6ふり ★2
塩…ひとつまみ

★1 同じくシャキッとして生で食べられ
る水菜で代用可。
★2 辛いのが苦手な人はお好みで調整を。

作り方

1 アボカドは半分に切って種を取り、スプーンでひと口大にくりぬく。豆苗は
根を切り落とし、長さを半分に切る。ミントはざく切りにする。ミニトマト
はヘタを取り、縦4等分にする。

2 ボウルに1を入れて残りの材料も加え、アボカドを軽くつぶすようにしなが
らよく混ぜ合わせる。

Chef's Advice アボカドはよく熟した、ねっとりとしたものを使いましょう。軽くつぶ
しながら混ぜると、それがまた味つけになって全体をまとめてくれます。ヘタを指で軽く
押さえ、弾力があれば食べごろ。

アボカド、マグロ、ケイパーのサラダ

アボカドとマグロの定番コンビを、デリ風にアレンジ。
アボカドは軽くつぶして、ドレッシングになじませる部分と、大きめに残して食感を生かす部分とでメリハリをつけて。
ケイパーの熟成した塩辛さが味のポイントに。マグロは生なので、持ち歩きや作りおきはNGです。

材料(2人分)
アボカド…1個
マグロ(刺し身用)…100g
ミント…½パック
ケイパーの酢漬け…大さじ2
ノーマルドレッシング(p.8)
　…大さじ3

作り方
1 アボカドは半分に切って種を取り、スプーンでひと口大にくりぬく。マグロは1cm角に切る。ミントはざく切りにする。
2 ボウルに1を入れて残りの材料も加え、アボカドを軽くつぶすようにしながらよく混ぜ合わせる。

Chef's Advice 全体をしっかり混ぜ合わせ、アボカドがソースのように全体に回るようにします。こうすると、アボカドとソースがすっとなじんで、味を一体化してくれますよ。

塩もみきゅうりのヨーグルトソース

青く爽やかなきゅうりをシンプルに味わうサラダ。少し割れるくらいまでたたくのがポイントで、
じゃくじゃくとした歯触りが楽しめます。表面積が広がるので、つるんとしてからみにくいソースもきちんとまとってくれます。
ヨーグルトときゅうりの相性のよさは、世界各国の料理でも見られるお墨つき。

材料(2人分)
きゅうり…1本
ヨーグルトドレッシング(p.9)
　…大さじ3
塩…ふたつまみ

作り方

1 まな板の上できゅうりにまんべんなく塩をふり、両手で転がして板ずりする。
めん棒や包丁の背で、少し割れるぐらいまでたたく。長さを4等分し、5分
ほどおいて塩をなじませる。

2 1の水気をきってボウルに入れ、ヨーグルトドレッシングを加えて混ぜ合わ
せる。

3 冷蔵庫で10分ほど休ませ、味をなじませる。

Chef's Advice きゅうりはたたいて亀裂を入れることで香りが立ち、歯触りもやさしく
なるため、ダイナミックにたたきましょう。食べやすいのにみずみずしさが口いっぱいに
広がって、存在感抜群です！

トレヴィスのせん切りサラダ

ほろ苦さが持ち味のトレヴィスは、せん切りにしてぐっと食べやすく。味のバランス役は旨みの濃厚なドレッシング。
苦みをまろやかにします。このサラダ、あっという間に食べてしまうのは、レーズンと松の実、トレヴィスが
口の中で甘み、苦み、香ばしさ…というふうに変化するから。その味わいがやみつきになります。

材料(2人分)
トレヴィス…1個
松の実…大さじ2
レーズン…大さじ1
ヨーグルトドレッシング(p.9)
　…大さじ3

作り方
1 トレヴィスは繊維を断つように、芯に垂直にせん切りにする。
2 フライパンで松の実を濃いめのきつね色になるまでから煎りする。
3 ボウルに1、2を入れ、レーズンとヨーグルトドレッシングを加えてよく混ぜ合わせる。

Chef's Advice トレヴィスは繊維を断つと少し堅くて苦みのある芯が全体に均等に行きわたり、味にムラがなくなります。

房ごと焼きそら豆

真っ黒に焦げたさやの中から、青々としたそら豆がコロリ。
プレゼンテーションも楽しい一皿です。
「ここまで黒くなって大丈夫？」というぐらいまで焼くと、中のそら豆がきちんと蒸し焼きにされて、香ばしい風味もつきます。
ワインのおつまみにしても、おしゃれに楽しめます。

材料(2人分)
そら豆…5さや
ヨーグルトドレッシング(p.9)
　…適量
クミンパウダー…（あれば）少々

作り方
1 ガスコンロに焼き網をのせ、そら豆をさやごと並べる。直火でさやの両面が真っ黒になるまで焼く。そのまま皿に盛る。
2 ヨーグルトドレッシングにクミンパウダーをふって1に添え、ソースとしてつけていただく。

Chef's Advice ほくっとした食感とやさしい青臭い風味が持ち味のそら豆は、強い酸味よりもミルキーなヨーグルトドレッシングで生きてきます。クミンのオリエンタルな香りが、そら豆の青みにマッチします。

グリーンピースのフムス

ひよこ豆をペーストのようにした、おなじみのフムス。グリーンピースで作るとフレッシュに進化して、サラダらしくなります。
もったりクリーミーな口当たりはそのままに、青く爽やかな香りが広がります。
練りごまとにんにくのコクがアクセントになって、後をひくおいしさになります。

材料(2人分)
グリーンピース(冷凍)＊…200g
白練りごま…大さじ2
にんにく(みじん切り)…小さじ1
レモン果汁…½個分
ノーマルドレッシング(p.8)
　…大さじ3
塩・粗びき黒こしょう…各少々
お好みのパン…適量

＊フレッシュを使うときは、塩ひとつまみを加えた熱湯に入れ、3分ゆで、氷水で急冷する。

作り方
1 鍋に湯を沸かし、塩ひとつまみ(分量外)を加える。グリーンピースを冷凍のまま入れ、再沸騰したらざるに上げる。すぐに氷水につけて冷やし、水気をよくふき取る。
2 フードプロセッサーに1を入れ、粗みじんになるまで撹拌する。パン以外の残りの材料を加えて軽く撹拌する。味みをし、足りなければ塩、粗びき黒こしょうで味をととのえる。
3 器に盛り、お好みのパンなどを添え、つけて食べる。

Chef's Advice グリーンピースはゆでたあと、すぐに冷やすと鮮やかな緑色をキープできます。少し粒を残したほうが豆のおいしさを強く感じられるので、ピューレ状になる手前で撹拌を止めましょう。

グリーンピース、生マッシュルーム、ミントのサラダ

グリーンピースとマッシュルームは、デリでおなじみの組み合わせ。僕はミントをふんだんに使って、
サラダらしく爽やかに仕上げます。パリッと香ばしいアーモンドと酸味のあるクリーミーなドレッシングが味のアクセント。
グリーンピースが出回る時季には、ぜひ作って！ 香りが断然違います。

材料(2人分)
グリーンピース(冷凍)＊…100g
マッシュルーム(ホワイト)…4個
ミント…½パック
スライスアーモンド…大さじ2
ヨーグルトドレッシング(p.9)
　…大さじ3

＊フレッシュを使うときは、塩ひとつまみを加えた熱湯に入れ、3分ゆでて、氷水で急冷する。

作り方
1 鍋に湯を沸かし、塩ひとつまみ(分量外)を加える。グリーンピースを冷凍のまま入れ、再沸騰したらざるに上げる。すぐに氷水につけて冷やし、水気をよくふき取る。
2 マッシュルームは4mm厚さ程度にスライスし、ミントはざく切りにする。
3 フライパンでスライスアーモンドをきつね色になるまでから煎りする。
4 ボウルに1、2、3を入れ、ヨーグルトドレッシングを加えてよく混ぜ合わせる。

Chef's Advice ミントは、緑色の野菜と相性がいい！ これを覚えておくと、ほかの野菜にも応用できますよ。食感が大切なので、マッシュルームはぜひ生を使ってください。

さやいんげんのニース風サラダ

おなじみのニース風サラダも、さやいんげんを主役にすると違ったおいしさに！
青い香りを生かすために、じゃがいもの量は控えめに。酸味のきいたドレッシングで爽やかな食べ口にします。
ツナをたっぷり使って、繊細なさやいんげんの甘みを生かしながらボリュームを出しています。

材料(2人分)
さやいんげん…200g
じゃがいも…中1個
ピーマン…1個
ブラックオリーブ(種抜き)…5個
ツナ(缶詰)…1缶(80g)
アンチョビフィレ…3枚
レモン果汁…½個分
ノーマルドレッシング(p.8)
　…大さじ3

作り方

1 じゃがいもは皮つきのまま鍋に入れ、かぶるくらいの水を入れる。0.6％の塩(分量外)を加え、強火にかける。沸騰したら弱火にし、15分ほどゆでる。菜箸などを刺してみて、柔らかくゆで上がったらざるに上げ、軽く冷まし、皮をむいてひと口大に切る。

2 鍋にたっぷりの湯を沸かし、少し強めの1.2％の塩(分量外)を加え、さやいんげんを入れて弱火にし、3分ほどゆでる。ざるに上げ、すぐに氷水につけて冷やし、水気をふき取る。ヘタを取り、長さを半分に切る。

3 ピーマンはヘタと種を取り、2mm幅の輪切りにする。ブラックオリーブは2mm幅の輪切りにする。

4 ボウルに1、2、3を入れ、ツナを油をきって加える。アンチョビフィレを手で適当な大きさにちぎって加える。レモン果汁、ノーマルドレッシングを加え、よく混ぜ合わせる。

Chef's Advice さやいんげんはゆでる間に味が抜けないよう、ヘタを取るのはあとから。

さやいんげんともやしのベトナム風サラダ

青い香りと甘みが持ち味のさやいんげん、これといった特徴的な味はなくてもシャキッとした食感がおいしいもやし。
ナンプラーの旨みがきいたピリ辛のアジア風ドレッシングで、野菜の甘さを際立たせ、個性を引き出します。
ピーナッツが入ると、ぐっとベトナム風に。噛むごとにコクが広がります。

材料(2人分)
さやいんげん…100g
もやし…½袋
ピーナッツ…大さじ1
アジア風ドレッシング(p.9)
　…大さじ3

作り方
1 鍋にたっぷりの湯を沸かし、少し強めの1.2%の塩(分量外)を加える。さやいんげんを入れて弱火にし、3分程度ゆでる。ざるに上げ、すぐに氷水につけて冷やし、水気をふき取る。ヘタを取り、横半分に切る。
2 もやしをざるに入れ、1の湯にさっとつける。よく水気をきる。
3 ボウルに1、2を入れて、ピーナッツ、アジア風ドレッシングを加えてよく混ぜ合わせる。

Chef's Advice もやしはゆでると食感が損なわれるので、熱湯にさっとつけるだけ。ほんの少しだけ火が入って、むしろシャキッとした食感を残します。さやいんげんは、氷水につけすぎないように。風味が弱くなります。

水なすとグレープフルーツのサラダ

水分たっぷりの水なすと、同じくジューシーなグレープフルーツ。違うみずみずしさを重ねて楽しむサラダです。
ここにクレソンでほろ苦さを、ドレッシングで香味野菜の旨みをプラスすると、
ぼんやりしがちだった味が引き締まり、いくらでも食べられるおいしさに。

材料(2人分)
水なす…2本
グレープフルーツ…1個
クレソン…1束
野菜ドレッシング(p.8) …大さじ3

作り方
1 水なすは1cm厚さのひと口大に切る。グレープフルーツは小房に分け、薄皮をむく。クレソンはざく切りにする。
2 ボウルに1を入れて野菜ドレッシングを加え、よく混ぜ合わせる。

Chef's Advice 水なすはそのフレッシュな味わいが命。ドレッシングを合わせて少しおくと、サクッとした食感がなくなり水分も出るので、必ず食べる直前に作りましょう。

なすとトマトの軽い煮込みサラダ

夏野菜の代表選手、なすとトマトを軽く煮込んだ、おいしさがギュッと詰まった一皿。
これだけでも充分おいしいところに、僕はヨーグルトドレッシングで酸味と甘いコクを加えます。
冷たく冷やして、おいしさを充分になじませて。

材料(2人分)
なす…3個
トマト…2個
にんにく（みじん切り）…小さじ1
ヨーグルトドレッシング(p.9)
　　…大さじ3
オリーブオイル…大さじ3
塩…小さじ½弱
粗びき黒こしょう…適量

作り方
1 なすは3cmの乱切りにする。トマトは3cmのざく切りにする。
2 鍋にオリーブオイルとにんにくを入れ、弱火にかけて炒める。香りが出て
　 きたら1のトマトを加えて中火にし、つぶすようにしながら2分程度炒める。
　 なすも加えて軽く混ぜ、蓋をして20分煮込む。塩と粗びき黒こしょうで味を
　 ととのえる。
3 バットなどに移して粗熱をとり、冷蔵庫で冷やす。
4 よく冷えた3を器に盛り、ヨーグルトドレッシングをかける。

Chef's Advice なすはジューシーに仕上げるため大きめの乱切りに。トマトはソースに
もなるように、つぶしながら炒めます。煮込み料理ではないので、ちょうどよく火が入っ
たら加熱を止めて、冷やしましょう。

焼きなすサラダ

定番の焼きなすをオギノ流にバージョンアップ。
作り方は同じでも、香味野菜とにんじんの凝縮した風味が詰まった野菜ドレッシングをしっかり含ませるひと手間で、
雰囲気が大変身！　噛むとじんわりしみ出す、なすのおいしさに驚くはず。

材料(2人分)
なす…4本
野菜ドレッシング(p.8) …大さじ3

作り方
1 なすはヘタの周りにぐるりと切り目を入れ、がくを取る。
2 ガスコンロに焼き網を置き、1を並べる。強火にかけ、皮が真っ黒に焦げるまで焼く。
3 少し粗熱がとれたら、指を水にぬらすなどしてやけどに注意して皮をむく。
4 ボウルに3を入れて野菜ドレッシングであえ、冷蔵庫で30分ほど味をなじませる。

Chef's Advice 直火でなすを焼くと、皮を通して中が蒸し焼きになるので、旨みも水分も逃げずにとてもおいしくなります。切ったりせず、ダイナミックにまるごと使うことでなすの風味を存分に楽しめます。味が中までしみ込むよう、マリネするひと手間をかけましょう。

なすの竜田揚げサラダ

なすは油を吸ってコクがつくと、また一段とおいしくなる素材。
揚げると衣の中で蒸し焼きにされて、口の中に風味が広がります。2種類のドレッシングを下味とソースに使ってひと工夫。
噛むと口の中でなすとドレッシングを吸った衣のおいしさが溶け合います。

材料(2人分)
なす…2本
野菜ドレッシング(p.8) … 大さじ3
ヨーグルトドレッシング(p.9)
　…大さじ2
コーンスターチ(なければ片栗粉)
　…大さじ2
揚げ油…適量

作り方
1 なすは3cmの乱切りにする。
2 ボウルに**1**を入れ、野菜ドレッシングを加えてもみ込み、5分ほどおく。コーンスターチを入れ、よく混ぜ合わせる。
3 揚げ油を180℃に熱し、**2**を揚げる。
4 器にヨーグルトドレッシングを敷き、**3**を盛る。

Chef's Advice なすは味がからみにくく、また下味がついていないとおいしさがボケる素材です。揚げる前にドレッシングで下味をつけておくことで、揚げる間にしっかりと味を含んでおいしくなるんですよ。

焼きパプリカのバルサミコマリネ

直火であぶって旨みを凝縮したパプリカは、口の中でトロリととろけて、まるで果実のような甘さ！
それに負けないよう、酸味をきかせてマリネします。
ピーナッツのクリスピーな食感が口当たりにメリハリをつけ、パプリカの味わいをいっそう高めます。

材料(2人分)
赤パプリカ…2個
ピーナッツ…大さじ1
ノーマルドレッシング(p.8)
　…大さじ2
バルサミコ酢…大さじ1

作り方
1 ガスコンロに焼き網を置き、赤パプリカを並べ、強火の直火で皮が<u>真っ黒に焦げるまで</u>焼く。流水に当てながら皮をむき、よく水気をふき取る。
2 1のヘタと種を取り、縦に<u>2cm幅</u>程度に切る。ピーナッツは粗みじん切りにする。
3 ボウルにノーマルドレッシングとバルサミコ酢を入れてよく合わせる。2を入れて混ぜ合わせ、常温で1時間以上おいてマリネする。

Chef's Advice パプリカは、ちょっと心配になるぐらいまで皮を真っ黒に焼きましょう。身に香ばしさが移り、味わい深くなります。皮もスルッとむけますよ。また冷蔵庫に入れるとトロリとした食感や風味が弱くなるので、マリネは常温で。

パプリカ、きゅうり、セロリのヨーグルトサラダ

色とりどりの野菜が、口の中で弾ける楽しいサラダ。
さっぱりとしたヨーグルトドレッシングとみずみずしい野菜でいっそう爽やかな味わいに！
野菜のフレッシュさを存分に味わえるサラダです。

材料(2人分)
パプリカ(赤・黄・緑)…各1個
きゅうり…1本
セロリ(葉の部分は除く)…1本
ヨーグルトドレッシング(p.9)
　…大さじ4
塩…小さじ½

作り方

1 パプリカ3種は縦半分に切ってヘタと種を取り除き、1.5cm角に切る。きゅうりも1.5cm角に切る。セロリは下の堅い筋を取り除き、1.5cm角に切る。

2 ボウルに1を入れて塩をふり、軽くあえて5分おく。

3 塩がなじんだら、水気をきり、ヨーグルトドレッシングを加えて全体をよくあえる。

Chef's Advice 口の中に均等に入り、歯ごたえもそろうように、野菜はすべて同じサイズに切り分けます。見た目もカラフルで美しくなりますよ。小さく切りすぎると野菜の食感が損なわれるので気をつけましょう。混ぜ合わせて時間をおくことで味がまとまります。

パプリカとトマト、ひよこ豆の煮込みサラダ

デリサラダの定番、豆サラダ。
軽く煮込んで、豆に味をからませて一体感を出しながらも食感や素材のフレッシュな旨みを残し、サラダらしい味わいに。
ぼんやりしがちな味に、クリーミーで濃厚なドレッシングとたっぷりのパクチーでエッジをきかせています。

材料(2人分)
パプリカ(赤・黄・緑)…各½個
トマト…1½個
玉ねぎ…½個
ひよこ豆(水煮)…100g
にんにく(みじん切り)…小さじ½
パクチー(ざく切り)…ひとつかみ
豆腐シーザードレッシング(p.9)
　…大さじ3
オリーブオイル…大さじ3
塩…小さじ½

作り方

1 パプリカ3種は縦半分に切ってヘタと種を取り、2cm角に切る。トマトと玉ねぎは2cm角に切る。

2 鍋に湯を沸かし、ひよこ豆を水で洗って入れる。再沸騰したらざるに上げ、ひよこ豆とゆで汁に分ける(ゆで汁はとっておく)。

3 フライパンにオリーブオイルとにんにくを入れて弱火にかけ、香りが立ってきたら1の玉ねぎを入れて中火にし、2分ほど炒める。しんなりしたら残りの1を加え、トマトを軽くつぶしながら炒める。2のゆで汁大さじ3とひよこ豆、塩を加えて軽く混ぜ、蓋をして弱火で20分煮込む。火を止め、人肌程度まで冷ます。

4 器に3を盛り、豆腐シーザードレッシングをかけ、パクチーを散らす。全体をよく混ぜながらいただく。

Chef's Advice トマトはとても旨みが強いので、炒めるときにつぶしながら水分を飛ばすようにすると、旨みが凝縮されてより深い味わいになります。

焼きとうもろこしとにんじんのサラダ

強めに焦げ色をつけた香ばしさたっぷりのとうもろこしが、ポロポロと口の中でほぐれる食感が新鮮！
カリッとした口当たりがほしいにんじんは小さく切って、脇役になりきりましょう。
とうもろこしの甘みや香りに負けないよう、味噌を加えてこっくりクリーミーな味つけに。

材料(2人分)
とうもろこし…1本
にんじん…1本
味噌…小さじ1
フレンチドレッシング(p.9)
　…大さじ1

作り方

1 ガスコンロに焼き網を置き、とうもろこしを並べ、強火の直火で表面に<u>焦げ目がつくぐらいまで</u>焼く。<u>常温になるまで</u>冷まし、実を包丁で切り離す。

2 にんじんは皮をむき、3mm角に切る。

3 鍋に湯を沸かし、0.3%の塩(分量外)を加えて2を入れ、30秒ほどゆでる。ざるに上げ、水気をよくきる。

4 ボウルに味噌、フレンチドレッシングを入れてよく混ぜ合わせ、1、3を加えてとうもろこしの粒がバラバラになりすぎないようにやさしく混ぜ合わせる。

Chef's Advice とうもろこしを温かいうちに芯から切り離すと、粒がバラバラになりやすくなります。いったん冷ましてから、粒を離さないようにカットしましょう。粒がつながっていると、口の中のとうもろこしの存在感がぐっと増します。

とうもろこしともやし、ピーナッツのピリ辛サラダ

甘みの強い食材には、辛めの味つけを。これは僕がサラダでよく使う方法。
ゆでて甘みが強くなったとうもろこしを前面に出すとサラダではなくおかずになるので、
豆板醤入りの濃厚なドレッシングでパンチを加えます。もやしのシャッキリした食感で爽やかにいただけます。

材料(2人分)
とうもろこし…1本
もやし…½パック
ピーナッツ…大さじ1
豆板醤…小さじ1
野菜ドレッシング(p.8)…大さじ1

作り方
1 とうもろこしは長さを半分に切る。
2 鍋に湯を沸かし、0.3％の塩（分量外）を加えて1を入れ、3分ほどゆでる。ざるに上げ、塩ひとつまみ（分量外）を全体にふり、常温になるまで冷ます。包丁で実を芯から切り離す。
3 もやしを別のざるに入れ、2の湯にさっとつけ、よく水気をきる。
4 ボウルに豆板醤と野菜ドレッシングを入れてよく混ぜ合わせ、2、3とピーナッツを入れて、とうもろこしの粒がほぐれないように軽く混ぜ合わせる。

Chef's Advice とうもろこしは粒を離さず大きめのかたまりにし、おいしさを強く味わえるようにしましょう。強い味つけで、よりボディのある味になります。もやしはシャキシャキした食感を残すため、さっと湯につけて臭みだけ取ります。

ゴーヤ、レーズン、クリームチーズのサラダ

このサラダで一番の主役は、ゴーヤの苦み。
おいしいのですが、やや食べにくいので、レーズンとクリームチーズでまろやかにコーティングします。
おかきのパリッとした軽やかな食感がアクセントとなって、あっという間に完食！　ぜひ、試してみてください！

材料(2人分)
ゴーヤ…½本
レーズン　大さじ1
クリームチーズ…大さじ1
お好みのあられやおかき…適量
豆腐シーザードレッシング(p.8)
　…大さじ1

作り方
1 ゴーヤはヘタを切り落とし、縦半分に切って、スプーンでわたと種をこそげ
　取り、2cm厚さに切る。塩小さじ1(分量外)をふり、よくもみ込む。
2 鍋に湯を沸かし、1を入れて2分ゆでる。ざるに上げ、氷水につけて急冷する。
　よく水気をふき取る。
3 ボウルに2、レーズン、クリームチーズを入れ、あられを適当な大きさに割
　って加え、豆腐シーザードレッシングを入れて全体をよく混ぜ合わせる。

Chef's Advice　ゴーヤは塩をもみ込み、さっとゆでて適度な苦みを残しながら、すっき
りした味わいに。そのため、厚めに切っておきます。食感にメリハリをきかせるのに、サ
クサクのあられが便利。クリームチーズともよく合います。おつまみサラダにもどうぞ。

ゴーヤのグリーンガスパチョ

グリーンの野菜でガスパチョを作るのが、僕のお気に入り。とくにゴーヤは爽やかな苦みが後をひき、クセになるおいしさです。
セロリやミントの清々しさと、りんごとはちみつのまろやかさで食べやすくしています。
朝食にもぴったりの、まさに飲むサラダです！

材料(2人分)
ゴーヤ…½本
りんご…¼個
セロリ(真ん中の部分)…½本
ミント…1パック
くるみ…大さじ2
はちみつ…大さじ1
野菜ドレッシング(p.8)…大さじ4
塩…小さじ
水…100mℓ
氷…適量

作り方
1 ゴーヤはヘタを切り落とし、縦半分に切って、スプーンでわたと種をこそげ取り、2cm厚さに切る。塩小さじ1(分量外)をふり、よくもみ込む。
2 鍋に湯を沸かし、1を入れて2分ゆでる。ざるに上げ、氷水につけて急冷する。よく水気をふき取る。
3 りんごとセロリは適当な大きさに切る。
4 ミキサーに2と3、残りの材料、水、氷を入れてなめらかになるまで攪拌する。

Chef's Advice ゴーヤはゆでると、すっきりとした心地よい苦みになります。ガスパチョは、塩味を少しきかせてカペッリーニと合わせて冷製パスタにしてもおいしいです。めんつゆを少量加えて、そうめんのつゆにも活用できますよ！

ズッキーニのにんにく風味ソテー

ズッキーニはオイルと相性抜群。
ソテーするだけの簡単レシピですが、ドレッシングの酸味とにんにくの香りが合わさって食欲がぐんとわいてきます。
パルミジャーノをたっぷり散らすので、ワインのおつまみにも。熱々より常温で食べるのがおいしいですよ。

材料(2人分)
ズッキーニ…大1本
フルーツトマト…1個
にんにく(みじん切り)…小さじ1
パルミジャーノ・レッジャーノ
　…20g
ノーマルドレッシング(p.8)
　…大さじ1
オリーブオイル…大さじ2
塩…ひとつまみ

作り方
1 ズッキーニはヘタを切り落とし、長さを半分に切り、それぞれ縦4等分に切る。フルーツトマトは3cm程度の乱切りにする。
2 フライパンにオリーブオイルを熱し、中火にして1のズッキーニを入れる。両面に軽く焼き色がつくまで炒めたら、にんにくと塩を加え、軽く炒め合わせる。にんにくの香りが立ってきたらバットに移し、常温になるまで冷ます。
3 ボウルに2と1のフルーツトマト、ノーマルドレッシングを入れてよく混ぜ合わせる。
4 器に3を盛り、パルミジャーノ・レッジャーノをピーラーなどで削って散らす。

Chef's Advice ズッキーニを焼くときはあまり動かさず、じっくり焼き色をつけましょう。熱いままフルーツトマトと混ぜるとトマトに熱が入ってフレッシュな食感が損なわれるのでご注意を。

マッシュズッキーニ

炒めて甘みを増したズッキーニをマッシュに。
オリーブオイルのコクがズッキーニと合い、クリーミーでとろけるようなおいしさになります。
でも、どろどろになったらつぶしすぎ。つぶしきらず、部分的に残して存在感を出すのがポイントです。

材料(2人分)
ズッキーニ…大1本
にんにく（みじん切り）…小さじ1
クミンパウダー…小さじ1
豆腐シーザードレッシング(p.8)
　…大さじ1
オリーブオイル…大さじ3

作り方
1　ズッキーニはヘタを切り落とし、3cm角に切る。
2　フライパンにオリーブオイルを熱し、中火にして1を入れる。両面とも軽く焼き色がつくまで炒めたら、にんにくを入れて軽く炒め合わせ、香りが出てきたらバットに移し、常温になるまで冷ます。
3　ボウルに2を入れてフォークの先端で粗くつぶす。クミンパウダーと豆腐シーザードレッシングを加え、よく混ぜ合わせる。

Chef's Advice　ズッキーニを炒めるときは、オリーブオイルを多めに。油のコクをなじませるのが、おいしくするコツです。

かぼちゃのフムス

僕はかぼちゃの甘みを料理の主役にするのがちょっと苦手。それを克服するのに工夫を重ねた自信作の一つがこれ。
酸味をきかせ、クミンの香りで鼻に抜けるような爽やかな個性をプラス。
すりおろしにんにくも加えているので、食欲がぐっとわきますよ。

材料(2人分)
かぼちゃ…¼個
牛乳…100㎖
にんにく(すりおろし)…小さじ½
クミンパウダー…小さじ1
ノーマルドレッシング(p.8)
　…大さじ5
お好みのパン…適量

作り方
1 かぼちゃは皮をむき、2cm角に切る。耐熱容器に入れ、牛乳を注いでラップをして電子レンジにかけ、かぼちゃが柔らかくなるまで加熱する(目安は700Wなら7分、500Wなら10分程度)。
2 フードプロセッサーに1を牛乳ごと入れ、パン以外の残りの材料も加えてなめらかになるまで攪拌する。
3 器に盛り、お好みのパンを添える。

Chef's Advice かぼちゃは、様子を見ながら柔らかくなるまで電子レンジで加熱を。やさしい味わいなので、フォカッチャやピタパンなど柔らかめのパンがおすすめ。

焼きかぼちゃのサラダ

かぼちゃの甘みとほっくりした食感で全体をコーティング。
ドレッシングとトマトで爽やかな酸味を加え、甘みとのバランスをとります。
ソーセージも加えて、ガッツリ満足度の高いおかずサラダに。

材料(2人分)

かぼちゃ…¼個
ミニトマト…6個
サニーレタス…4枚
お好みのソーセージ…大2本
ハニーマスタードドレッシング(p.9)
　…大さじ3
オリーブオイル…大さじ1

作り方

1 かぼちゃは皮つきのまま2cm角に切る。ミニトマトはヘタを取って縦半分に切る。サニーレタスは手で5cm角程度にちぎる。ソーセージは2cm厚さの輪切りにする。

2 耐熱容器に1のかぼちゃを入れ、ラップをし、電子レンジで加熱する(目安は700Wで約3分30秒、500Wで約5分)。

3 フライパンにオリーブオイルを入れて熱し、中火にして2と1のソーセージを入れる。焼き目をつけるように炒め、バットに移し、人肌程度になるまで冷ます。

4 ボウルに3を入れ、1のミニトマト、サニーレタス、ハニーマスタードドレッシングを加えてしっかりと混ぜ合わせる。

Chef's Advice 炒めたかぼちゃとソーセージは人肌程度に冷ましてから、生の野菜と合わせましょう。余計な熱が加わらないだけでなく、かぼちゃの角が取れてきて、混ぜたときに全体に行きわたって味がまとまります。しっかりと混ぜてくださいね。

ブロッコリーとフェタチーズのサラダ

フェタチーズはまろやかな熟成香と塩味で、料理をおいしくする調味料のような存在。
青々とした野菜とよく合います。このサラダはごくシンプルに、野菜はブロッコリーのみ。
ケイパーと強めに焦がした松の実で、味と食感に奥行きをプラスします。

材料(2人分)
ブロッコリー
　…小房に分けたもの 10個
フェタチーズ…40g
松の実…大さじ1
ケイパーの酢漬け…大さじ1
フレンチドレッシング(p.9)
　…大さじ1

作り方
1 鍋に湯を沸かし、0.6%の塩(分量外)を加え、ブロッコリーを入れて1分30秒ゆでる。ざるに上げ、そのまま常温になるまで冷ます。
2 フライパンに松の実を入れ、濃いめのきつね色になるまでから煎りする。
3 ボウルに1、2と残りの材料を入れ、よく混ぜ合わせる。

Chef's Advice ブロッコリーは、鮮やかな緑色と香りを残しながらきちんと火が入るよう、余熱を利用します。くれぐれもゆですぎにご注意を。香ばしいアクセントをつけるために、松の実は強めにローストしてください。

ブロッコリーと洋なしのサラダ

サラダにフルーツとチーズを加えると、それだけでおしゃれ度が一気にアップ！
味のまとめ役は、はちみつ。ブロッコリーとフルーティーな洋なしが意外な調和を見せますよ。
洋なし、ブルーチーズ、はちみつはワインに合う食材の組み合わせ。おつまみサラダにもどうぞ。

材料(2人分)

ブロッコリー
　　…小房に分けたもの 10個
洋なし★…½個
ブルーチーズ…40g
スライスアーモンド…大さじ2
はちみつ…大さじ1
フレンチドレッシング(p.9)
　　…大さじ1

★りんごで代用しても。

作り方

1 鍋に湯を沸かし、0.6％の塩(分量外)を加え、ブロッコリーを入れて1分30秒
　ゆでる。ざるに上げ、そのまま常温になるまで冷ます。

2 洋なしは皮をむいて芯を取り、3cm角に切る。

3 フライパンにスライスアーモンドを入れ、濃いめのきつね色になるまでか
　ら煎りする。

4 ボウルに1、2、3を入れ、ブルーチーズを手で適当な大きさにちぎって加え、
　はちみつ、フレンチドレッシングも加えてよく混ぜ合わせる。

Chef's Advice クセのあるブルーチーズは大きめにちぎって、さらに存在感を残します。
焦げ目をつけたアーモンドで、たっぷりのブロッコリーも最後まで飽きることなくいただ
けます。

焼きカリフラワーのタブレ仕立て

細かくきざんだカリフラワーをクスクスに見立てた、ヘルシーサラダ。
カリフラワーがほろほろとくずれ、トマトの旨み、レーズンの甘み、ミントの香り、レモンの引き締まった酸味が
口の中に次々と広がっていきます。全体は爽やかな食べ口。キリッと冷やして、夏のブランチサラダにもどうぞ。

材料（2人分）
カリフラワー…½株
ミニトマト…10個
ミント…½パック
レーズン…大さじ 2
レモン果汁…1個分
ノーマルドレッシング(p.8)
　…大さじ 3
オリーブオイル…大さじ 1

作り方
1 カリフラワーを2cm大に切る。ミニトマトはヘタを取って縦半分に切る。ミントはざく切りにする。
2 フライパンにオリーブオイルを熱し、1のカリフラワーを入れて強火のまま3〜5分ほど焼き、焦げ目をつける。フードプロセッサーに入れ、細かくなるまで撹拌する。
3 ボウルに2と1のミニトマト、ミントを入れ、そのほかの材料も入れてよく混ぜ合わせる。

Chef's Advice オリーブオイルを少なめにして強火で焼くことで、きれいに焦げ目がつき、味わいもさっぱり。完全に中まで火が通ってなくてもOKです。弱火で炒めると水分が出て、べったりしてしまうので注意。

生カリフラワーのサラダ

カリフラワーをフレッシュのまま食べる、驚きの一品。
コリッと小気味よい歯ごたえに
マンゴーでクリーミーな甘さをプラス、
かくし味にカレー粉を加えて食欲もアップします。

材料(2人分)
カリフラワー…½株
サラダほうれん草…1パック
マンゴー★…½個
カレー粉…小さじ1
フレンチドレッシング(p.9)…大さじ2

★サラダには甘みが控えめで酸味のあるさっぱりしたペリカン
マンゴーがおすすめ。

作り方
1 カリフラワーは小房に分け、3mmほどの薄切りにす
 る。サラダほうれん草を5cm程度の長さに切る。マ
 ンゴーは皮をむいて種を取り、3cm角に切る。
2 ボウルに1を入れ、カレー粉、フレンチドレッシング
 を加えてよく混ぜ合わせる。

Chef's Advice カリフラワーは薄く切ってスパイスやフルーツ
と合わせると、生でも食べやすくなります。

マッシュカリフラワー

一見マッシュポテト、
食べるとカリフラワーの味がしっかり!
ケイパーと野菜ドレッシングで濃いめの味つけにして
ソーセージと一緒に食べると、止まらないおいしさです。

材料(2人分)
カリフラワー…½株
お好みのソーセージ…大2本
ケイパーの酢漬け…大さじ1
牛乳…大さじ2
野菜ドレッシング(p.8)…大さじ3

作り方
1 カリフラワーを小房に分ける。
2 鍋に湯を沸かし、0.6％の塩(分量外)を加え、1のカリ
 フラワーを入れて3分ほどゆでる。ざるに上げ、その
 まま常温になるまで冷ます。
3 フードプロセッサーに2と牛乳を入れ、細かくなるま
 で攪拌する。
4 フライパンにソーセージを入れ、弱火にかけて中に
 火が通るまで焼く。2cmの厚さの輪切りにする。
5 ボウルに3、4を入れ、ケイパーの酢漬け、野菜ド
 レッシングも入れてよく混ぜ合わせる。

Chef's Advice カリフラワーは少し柔らかめにゆでましょう。ざ
るに上げて冷ますことで、余分な水分も蒸発して濃い味わいにな
ります。

ほうれん草のおひたし ヨーグルト風味

いつものおひたしが、ヨーグルトドレッシングで大変身！
ウスターソースやケチャップの
かくし味がきいたクリーミーなドレッシングで、
存在感のあるサイドディッシュに。

材料(2人分)
ほうれん草…1束
白いりごま…小さじ1
ヨーグルトドレッシング(p.9)…大さじ4

作り方
1 鍋に湯をたっぷり沸かし、0.3％の塩（分量外）を入れ、
ほうれん草を根元から入れる。10秒ほど さっとゆでる。
ざるに上げ、氷水につけて 急冷し、手でしっかりと水
気を絞る。根元の赤い軸を切り落とし、長さを4等分
に切る。
2 器に1を盛り、ヨーグルトドレッシングをかけて、上
から白いりごまをふりかける。

Chef's Advice ほうれん草は堅い根のほうから湯に入れてゆで
ましょう。早めに引き上げ、氷水でゆですぎをガード。水っぽく
ならないよう、水気をしっかり絞ってください。

ほうれん草のソテー

ほうれん草のおいしさだけを味わうシンプルなソテー。
サッと手早く炒めるのがコツです。
ドレッシングはあえずに、
上からソースとしてかけて変化をつけます。

材料(2人分)
ほうれん草…1束
豆腐シーザードレッシング(p.8)…大さじ3
オリーブオイル…大さじ1
塩…ひとつまみ

作り方
1 ほうれん草は、根元の赤い軸を切り落としてさっと水
で洗う。
2 フライパンにオリーブオイルを熱し、1を入れて塩を
ふり、強火のまま さっと 炒める。ざるに上げ、出てき
た余分な 水気をきる。
3 器に2を盛り、豆腐シーザードレッシングをかける。

Chef's Advice フライパンで炒めにくい場合は、大きめの鍋で
炒めてもOK。強火でさっと炒めてシャキッとした食感を残し、
色よく仕上げて。

春菊とブルーチーズのサラダ

春菊とブルーチーズ、香りの強い2つの食材を組み合わせて、
おいしさの相乗効果を狙います。
個性が強いので、ほんのり甘いドレッシングで
全体をまとめましょう。

材料(2人分)
春菊…1束
ブルーチーズ…40g
ハニーマスタードドレッシング(p.9)…大さじ3

作り方
1 鍋に湯をたっぷり沸かし、0.3%の塩(分量外)を入れ、
　春菊を根元から入れ、30秒ゆでる。ざるに上げ、すぐ
　に氷水につけて急冷し、手でしっかりと水気を絞る。
2 ボウルにブルーチーズを手でちぎって入れ、ハニーマ
　スタードドレッシングを入れて混ぜる。1を入れ、よ
　く混ぜ合わせる。

Chef's Advice 仕上がりが水っぽくならないように、ゆでた春菊
はしっかり水気を絞って！　ブルーチーズはつぶすようによく混
ぜて、全体にからませるとおいしいです。

春菊とりんごのサラダ

生の春菊とりんごのフレッシュな食感を生かしたサラダ。
春菊の苦みに負けないように、
かくし味のコチュジャンでパンチをきかせます。
りんごの甘みも程よいアクセントに。

材料(2人分)
春菊…½束
りんご…½個
松の実…大さじ1
コチュジャン…小さじ1
きざみのり…ひとつかみ
野菜ドレッシング(p.8)…大さじ2

作り方
1 春菊は葉だけをちぎる(茎は使わない)。りんごは芯を
　取り、皮つきのまま1.5cm角に切る。
2 フライパンに松の実を入れ、濃いめのきつね色になる
　までから煎りする。
3 ボウルにコチュジャン、野菜ドレッシングを混ぜ、1、
　2を入れて手で軽く混ぜ合わせる。
4 器に3を盛り、きざみのりを散らす。

Chef's Advice 春菊はいたみやすいので、手でやさしくあえて。
ドレッシングをかけると水分が出るので、必ず食べる直前に作
ってください。

山菜とマンゴー、ミニトマトのサラダ

山菜の軽いえぐみや苦みはオイルと相性抜群なので、炒めてからサラダ仕立てに。
ミニトマトの爽やかさ、マンゴーのほのかな甘みで、山菜の香りを引き立てます。
アジア風の味つけで、甘み、辛み、酸味、苦みのバランスをとって。

材料(2人分)
たらの芽…10個
ふきのとう…8個
ミニトマト…6個
マンゴー ★1…½個
スイートチリソース ★2…大さじ1
アジア風ドレッシング(p.9)
　…大さじ2
オリーブオイル…大さじ3
塩…ひとつまみ

★1 サラダには甘みの控えめなペリカ
ンマンゴーがおすすめ。
★2 タイの甘くて辛いソース。

作り方
1 たらの芽は下の堅い部分を切り落とす。ミニトマトはヘタを取って縦半分に
　切る。マンゴーは種を取って皮をむき、2cm角に切る。
2 フライパンにオリーブオイルを熱し、中火にして、1のたらの芽とふきのと
　うを加え、塩をふって2〜3分炒める。バットに移し、常温になるまで冷ます。
3 ボウルに2と1のミニトマト、マンゴーを入れ、スイートチリソースとアジ
　ア風ドレッシングも加えてよく混ぜ合わせる。

Chef's Advice 山菜の風味を引き出すのに、少し多めの油で炒めます。マンゴーなどに
熱が入らないよう、炒めた山菜は常温まで冷ましてから混ぜ合わせましょう。

たけのことオレンジのサラダ

シャクシャクした歯ごたえのたけのこに、フルーティーなオレンジが意外にもマッチ。
ほのかに甘い香りとジューシーさで、春を代表する山菜の味わいを際立たせます。
コクのあるドレッシングで味をまとめます。

材料(2人分)
たけのこ(水煮)…1本
オレンジ…1個
くるみ…5個
豆腐シーザードレッシング(p.8)
　…大さじ3

作り方
1 たけのこはひと口大に切る。オレンジは小房に分け、薄皮をむいて果肉を
　横半分に切る。
2 鍋に1のたけのことかぶるぐらいの水を入れ、中火にかける。沸騰したら火
　を止める。ざるに上げ、流水で冷まし、よく水気をふき取る。
3 ボウルに2と1のオレンジを入れ、くるみを手で割って加え、豆腐シーザー
　ドレッシングを入れてよく混ぜ合わせる。

Chef's Advice 水煮のたけのこは、ひと手間でもいったんゆでてから使うと臭みが取れ
て、すっきりした味わいに仕上がります。シーズンなら、ぜひ生をゆでて使ってみてくだ
さい。歯ごたえも香りも抜群にいいですよ。

白菜の豆腐シーザーサラダ

白菜を切ってドレッシングとあえるだけの、
潔く、真っ白なシンプルサラダ。
葉と茎で切り方を変える、そこにおいしさの秘密があります。
そのひと手間が大切なので、忘れずに。

材料(2人分)
白菜…3枚
豆腐シーザードレッシング(p.8)…大さじ3

作り方
1 白菜は葉の部分は手で4cm幅程度に ちぎり 、白い茎の
  部分は 横1.5cm幅程度に切る。
2 ボウルに1を入れ、豆腐シーザードレッシングを加え
  てよく混ぜ合わせる。

Chef's Advice 白菜は葉が薄く柔らかく、茎は厚みがあり、極
端に食感が違う素材。そのため同じように切ると味にばらつき
が出ます。葉は大きくちぎり、茎は細めに切ることで、バラン
スがよくなりますよ。

白菜のベトナム風マリネ

白菜の浅漬けを、アジア風にアレンジ。
柔らかい白菜の口当たりと、
ほのかな辛さでいくらでも食べられます！
サイドディッシュとしてご飯にも合うおいしさです。

材料(2人分)
白菜…¼個
アジア風ドレッシング(p.9)…大さじ5
塩…大さじ1

作り方
1 白菜は3cm幅ぐらいのざく切りにする。ボウルに入れ
  て塩をふり、軽くもみ込む。そのまま1時間程度おく。
2 1の水分を両手で きつく絞る。
3 ボウルに2を入れ、アジア風ドレッシングを加えてよ
  く混ぜ合わせる。

Chef's Advice 白菜は意外に水分が多く、茎はつるんとして味
がのりにくい食材です。塩で余分な水分を出して、しっかりと
水気を絞ってください。

Part ◆3

根菜のサラダ

ゴリゴリ、ほっくり、シャクシャク……
根菜のサラダは、食感の楽しさがい
っぱい。だから、口当たりを主役に、
組み合わせる食材もバランスを考え
ました。大地の香りや個性が強いの
で、シンプルに一種類だけで仕上げ
ても、深い味わいが楽しめます。根
菜本来の持ち味を生かす発想で、お
いしさの可能性が広がります。

大根と焼き油揚げのソムタム風サラダ

日本の身近な食材を使って、タイ料理の定番、青パパイヤのサラダ〝ソムタム〟をオギノ流に。
大根は歯ごたえが出る厚さに切ります。そのシャキシャキした歯触りとピーナッツ、
カリカリに焼いた油揚げのコントラストで食べごたえ充分。
ピリッと辛いアジア風の味つけで、おつまみサラダにもぴったり！

材料(2人分)
大根(できれば上の部分)…⅓本
油揚げ…1枚
ピーナッツ…40g
パクチー（粗みじん切り）
　…ひとつかみ
アジア風ドレッシング(p.9)
　…大さじ4

作り方
1 大根は皮をむき、2mm厚さの輪切りにした後、3mm幅の<u>短冊切り</u>にする。
2 フライパンを中火にかけ、油揚げを入れて両面に<u>軽く焦げ目がつくまで</u>焼く。横5mm幅に切る。
3 ボウルに1、2、ピーナッツを入れ、アジア風ドレッシングを加えてよく混ぜ合わせる。器に盛り、パクチーを散らす。

Chef's Advice 大根を生で食べるときは、1本の上半分を使うのがおすすめです。下のほうに比べて辛みが少ないので食べやすいでしょう。下のほうは煮ものなど加熱するのに向いています。油揚げは、表面がパリッとするまで焼くと、じわりとにじみ出た油のコクと食感で全体にメリハリがつきます。

大根とドライいちじくのサラダ

生で食べるとみずみずしさの中にほんのり苦みを感じる大根。
甘みが凝縮したドライいちじくを合わせると、口の中で一緒になって不思議と苦みが抑えられておいしくいただけます。
酸味のあるドレッシングとレモンの爽やかな香りが、バランスの調整役。

材料(2人分)
大根(上の部分)…⅓本
ドライいちじく★1…5個
レモンの皮 ★2…1個分
ノーマルドレッシング(p.8)
　…大さじ4

★1 同じように甘みが凝縮してねっとりした食感の干し柿でも。

★2 冬なら黄柚子を使うとより季節感が出るのでおすすめ。

作り方
1 大根は皮をむき、3mm厚さの輪切りにした後、3mm幅の短冊切りにする。
2 ドライいちじくを3mm厚さに切る。レモンの皮はせん切りにする。
3 ボウルに1、2を入れ、ノーマルドレッシングを加えてよく混ぜ合わせる。

Chef's Advice 大根といちじくは同じ大きさで切ること。ドライいちじくは、あえてから少しおくと大根から出た水分やドレッシングを吸って、さらに甘みが強く感じられます。食感も柔らかくねっとりとしてくるので、あらかじめ前日などに作って、冷蔵庫で保存しておいてもいいですね。

大根とにんじん、かぶの蒸し焼き

代表的な根菜3種をシンプルに蒸し焼きにして、素材そのものをストレートに楽しみます。
まろやかながら後口がさっぱりするヨーグルトドレッシングで、ぐっと引き立った根菜の甘みを味わいましょう。
歯ごたえはしっかり残すのがコツ。根菜それぞれの個性を感じてください。

材料(2人分)
大根(下の部分)…¼本
にんじん…1本
かぶ…小3個
ヨーグルトドレッシング(p.9)
　…大さじ2

作り方
1 大根とにんじんは皮をむき、3cmほどの乱切りにする。かぶは皮つきのまま縦半分に切る。
2 オーブン使用可能な鍋に1を並べて蓋をし、200℃のオーブンで15分蒸し焼きにする。
3 仕上げにヨーグルトドレッシングをかける。

Chef's Advice 焼くときに油を使わないので、とてもさっぱりといただけます。根菜は、火を入れすぎて食感を損なわないように気をつけましょう。根菜はほかに、ビーツやじゃがいもを使ってもおいしく作れます。耐熱皿に少し水を入れてラップをし、1を入れて電子レンジで加熱(700Wなら約5分、500Wなら約8分)してもOK。

焼きにんじんとドライアプリコットのオレンジジュース煮

これがサラダ!?と思われるかもしれませんが、火を入れるからこそ、少し時間をおいてもおいしいデリサラダになります。
オレンジジュースとアプリコットの甘酸っぱさが、甘いにんじんを食べやすくしてくれます。
仕上げにまとわせた酸味の強いドレッシングで、サラダらしいさっぱりした後口に。

材料(2人分)
にんじん…2本(約400g)
ドライアプリコット★…10個
オレンジジュース(100%果汁)
　…180mℓ
ノーマルドレッシング(p.8)
　…大さじ3
オリーブオイル…大さじ2

★ 同じく強い甘酸っぱさを持つド
ライマンゴーでも代用可。目安は
2〜3枚を大きめに切って。

作り方

1 にんじんは皮をむいて5cm長さに切り、縦4等分にする。ドライアプリコットは半分に切る。

2 フライパンにオリーブオイルを熱し、1のにんじんを入れ、強火で炒める。しっかりと焼き色がついたら、1のドライアプリコット、オレンジジュースを加え、水分がほとんどなくなるまで煮つめる。

3 ボウルに2を入れ、ノーマルドレッシングを加えて、よく混ぜ合わせる。

Chef's Advice にんじんの食感を残すため、煮るのは強火で短時間。ジュースの水分が飛んでとろみが出たら、煮終わりのサインです。酸味が少し苦手なかたは、粗熱をとってから冷蔵庫で冷やしてみてください。ドレッシングの酸味が落ち着きます。

にんじんのしりしり風

沖縄の郷土料理をイメージして、がっつりとにんじんを味わうサラダに。
本来はせん切りにしますが、あえて太く切ってゴリゴリとした独特の歯ごたえを楽しみます。
ツナとドレッシングで濃厚なコクをプラスするのでおかず風にも。ゆで玉子をからませて、さらに満足感がアップします。

材料(2人分)
にんじん…小3本
ツナ(缶詰)…1缶(80g)
ゆで玉子…1個
野菜ドレッシング(p.8)…大さじ2

作り方
1 にんじんは皮をむき、5cm長さに切って縦6等分にする。ゆで玉子はみじん切りにする(ミモザ玉子)。
2 鍋に1のにんじんとひたひたの水を入れ、塩ひとつまみ(分量外)を加え、中火にかける。沸騰したらざるに上げ、常温になるまで冷ます。
3 ボウルに2を入れ、ツナを少し油をきって加える。野菜ドレッシングも加え、よく混ぜ合わせる。器に盛り、1のミモザ玉子を散らす。

Chef's Advice にんじんは歯ごたえを残しながらも中まできちんと火を通して、味を引き出したい。そこで、必ず水からゆでてください。沸騰したらすぐにざるに上げてしばらくおくと、余熱で火が入りながら、しっかり水気がきれます。水分が残っているといたみやすく、また味がボケるのでご注意を。

にんじん、玉ねぎとセロリのホットスパイシーサラダ

根菜は温かいと香りや甘みが引き立つので、ホットサラダ向き。
野菜はサッと炒め、歯ごたえを残しながら油で全体をコーティング。コクをつけましょう。
仕上げに豆板醤をアクセントに加えたピリ辛ドレッシングを回しかけ、味にリズムをつけて。おかず的にも楽しめます。

材料(2人分)
にんじん…小1本
玉ねぎ…中1個
セロリ(真ん中の部分)…½本
豆板醤…小さじ1
ヨーグルトドレッシング(p.9)
　…大さじ3
オリーブオイル…大さじ1

作り方

1 にんじんは皮をむいて5cm長さに切り、2mm厚さ、3mm幅の短冊切りにする。玉ねぎは3mm幅の薄切りにする。セロリは3cm幅の斜め切りにする。

2 フライパンにオリーブオイルを熱し、1を入れ、強火でさっと炒める。

3 器に2を盛る。豆板醤とヨーグルトドレッシングをよく混ぜ合わせ、かける。

Chef's Advice 仕上げにかけたドレッシングは、まずはあえずにそのまま食べてみてください。食べるごとに変わる味わいで、最後まで食べ飽きることがありません。全体に均一に味つけすると単調になりがちです。ドレッシングがかかっていないところも、本当にシンプルに野菜が味わえておいしいですよ。

ゆでごぼうとマンゴーのサラダ

土の香り豊かなごぼうに組み合わせたのは、生のマッシュルームと甘酸っぱいマンゴー。
意外ながらもごぼうが引き立つ絶妙なマリアージュです。
豆腐ベースのコクがありながら後口さっぱりのドレッシングは、
3つのどの素材の個性も邪魔をせず調和させてくれます。

材料(2人分)
ごぼう…1本
マッシュルーム(ホワイト)…6個
マンゴー★…½個
豆腐シーザードレッシング(p.8)
　…大さじ2

★サラダには、酸味の強いペリカンマ
ンゴーがおすすめ。

作り方

1 ごぼうはたわしや包丁の背で軽く皮をこそげ取り、3mm厚さの斜め切りにする。マッシュルームは4つ割りにする。マンゴーは皮をむいて種を取り、1cm角に切る。

2 鍋に1のごぼうとかぶるぐらいの水、酢(分量外。水1ℓに大さじ1)、0.3%の塩(分量外)を入れ、中火にかけ、沸騰したら5分ゆでる。ざるに上げ、そのまま常温になるまで冷ます。

3 ボウルに2と1のマッシュルーム、マンゴーを入れ、豆腐シーザードレッシングを加えてよく混ぜ合わせる。

Chef's Advice ごぼうはアクが強いので、黒くなりやすいのが難点。とくにサラダは彩りも大切なので、酢を加えた湯でゆでて黒く変色するのを防ぎましょう。ゆで具合はきもち堅め。早めにざるに上げてしばらくおくと余熱で火が入り、水分もしっかりきれます。

ごぼうのバルサミコきんぴら

おなじみのきんぴらごぼうを、バルサミコ酢でまろやかな酸味をつけておかずサラダに。
ご飯のおともではなく、これだけで立派なサラダになるよう、ごぼうは少し厚めに切って存在感を出し、
甘みに砂糖は使いません。バルサミコ酢、レーズン、はちみつでマイルドな甘さに。後をひくおいしさです。

材料(2人分)
ごぼう…1本
レーズン…大さじ2
はちみつ…大さじ2
バルサミコ酢…大さじ3
白いりごま…大さじ1
オリーブオイル…大さじ1

作り方
1 ごぼうはたわしや包丁の背で軽く皮をこそげ取る。2mm厚さの斜め薄切り
　にする。
2 フライパンにオリーブオイルを熱し、1を加えて、強火で炒める。ごぼうに
　油が回って少ししんなりとしてきたらはちみつとレーズンを入れ、よく混
　ぜ合わせる。バルサミコ酢をふり、白いりごまをふって、混ぜながらひと
　煮立ちさせたら火を止める。

Chef's Advice ごぼうを存分に味わってもらうサラダにしたいので、ささがきにせず、
厚みを出します。強火で短時間で炒め、食感を残しながら表面にだけバルサミコ酢をまと
わせます。食べるとごぼうのみずみずしさや香りが口の中に広がり、味のバランスがよく
なります。じっくり火を入れると中まで強い味がしみ込んで、フレッシュなごぼうの味が
弱まるので気をつけて。

ごぼうとハムのコールスロー

キャベツが主役の定番サラダ、コールスローをごぼうでアレンジ。
マスタードの酸味が、ごぼうの土っぽさとマッチします。
シンプルなサラダですが、ハムの塩気と旨みがアクセントになり、かくし味のバルサミコ酢もひと役買って、食べ飽きません。

材料(2人分)
ごぼう…1本
ロースハム…3枚
バルサミコ酢…大さじ1
フレンチドレッシング(p.9)
　　…大さじ2

作り方

1 ごぼうはたわしや包丁の背で軽く皮をこそげ取る。3mm厚さの斜め切りにする。ロースハムは3mm幅の細切りにする。

2 鍋に1のごぼうとかぶるぐらいの水、酢(分量外。水1ℓに大さじ1)、0.3%の塩(分量外)を入れて中火にかけ、沸騰したら5分ゆでる。ざるに上げ、常温になるまで冷ます。

3 ボウルに2と1のロースハムを入れ、フレンチドレッシング、バルサミコ酢を加えてよく混ぜ合わせる。

Chef's Advice ごぼうの個性に負けないよう、バルサミコ酢とドレッシングで酸味を二重にプラス。ハムもごぼうと同じ大きさで切ると、口の中でバランスよく味わえます。

かぶとアーモンドのヨーグルトサラダ

使う野菜はかぶだけ！ シンプルに生のかぶのみずみずしさと歯ごたえを味わってほしいサラダです。
単調にならないよう、ローストしたスライスアーモンドを多めに使って、ナッツの香ばしさとコクをプラス。
ヨーグルトと味噌の発酵した旨みで味つけし、味に奥行きを出しています。

材料(2人分)
かぶ…小3個
スライスアーモンド…大さじ2
味噌…15g
ヨーグルトドレッシング(p.9)
　…大さじ4

作り方
1 かぶは皮つきのまま2cm角に切る。
2 フライパンでスライスアーモンドを濃いめのきつね色になるまでから煎りする。
3 ボウルに味噌とヨーグルトドレッシングを入れて混ぜ合わせ、1と2を加え、よく混ぜ合わせる。

Chef's Advice 根菜は皮と身の間に旨みがあります。最近のかぶは皮が柔らかいので、そのまま食べたほうがおいしいですよ。ヨーグルトと味噌は発酵食品同士で相性抜群！酸味にまろやかな熟成感が加わって、とてもおいしくなります。また濃度がつくので、皮つきのまま使ったかぶのつるんとした表面にも、よくからんでくれます。

野菜のおいしい保存食、
荻野シェフのピクルス講座

料理の箸休めやワインのおつまみ、刻んでソースに加えて使うなど、あると便利な野菜の酢漬け、ピクルス。
冷蔵庫で10日ほど保存できるので、まとめて作りおきをしても。
ピクルス作りの最大のポイントは、野菜を瓶に詰めてすぐに熱々のピクルス液を注ぎ、蓋をすること。
余熱で徐々に味がしみ込みます。また、野菜の歯ごたえがキープできます。
瓶はきちんと密封し、逆さにして保存すると、野菜にまんべんなく味が染みます。

◉基本のピクルス液の作り方

味つけのベースとなるピクルス液がこれ。
今回は、まろやかに仕上げましたが、お好みで酢の量を調整し、酸味をきかせても。
黒酢やシェリーヴィネガーなどに代えてもおいしいですよ。コリアンダーシードやにんにくなど、クセの強い要素を加えると、ほんのり野菜に風味が加わります。一度漬け込んだあとのピクルス液は、温め直して再び使い回すことも可能。

材料(作りやすい分量)
酢…100mℓ
水…140mℓ
砂糖…40g
塩…小さじ½弱
コリアンダーシード…5g
にんにく…½かけ
赤唐辛子…½本

作り方
鍋に材料をすべて入れ、中火にかける。沸いて砂糖が溶けたら火を止め、ざるでこす。瓶の消毒の方法はp.8を参照してください。

Chef's Advice

ピクルス液は熱い状態ですぐ瓶に注ぐこと! 余熱で野菜に火が入り、きちんと味がしみ込みます。

きのこのピクルス

様々なきのこの個性が、柔らかな酸味によって調和します。お好みできのこの種類を加えても。

材料(作りやすい分量)
しいたけ…小4個
エリンギ…1本
しめじ…½パック
ピクルス液(p.88)…適量

作り方
1 しいたけは石づきを取って、縦半分に切る。エリンギは長さを半分に切り、縦4等分にする。しめじは石づきを切り落とす。
2 瓶に1を詰め、熱々のピクルス液をきのこがすべてつかるまで注ぎ入れ、すぐに蓋をし、粗熱をとる。
3 冷蔵庫で一晩以上漬ける。

大根とレモンのピクルス

レモンの爽やかな酸味で、さっぱり食べやすく仕上げました。歯ごたえが残るように、大根は大きめに切るのがコツ。

材料(作りやすい分量)
大根(上のほう)…⅓本
レモンの輪切り…3枚
ピクルス液(p.88)…適量

作り方
1 大根は皮をむき、2cm角の拍子木切りにする。
2 瓶に1とレモンの輪切りを詰める。熱々のピクルス液を大根がすべてつかるまで注ぎ入れ、すぐに蓋をし、粗熱をとる。
3 冷蔵庫で一晩以上漬ける。

かぶと塩昆布のピクルス

塩昆布を加えて、ご飯にも合う味に。お漬けもの感覚で楽しめます。

材料(作りやすい分量)
かぶ…小3個
塩昆布…大さじ1
ピクルス液(p.88)…適量

作り方
1 かぶは皮つきのまま1cm厚さのいちょう切りにする。
2 瓶に1を詰め、塩昆布をのせる。熱々のピクルス液を全体がつかるまで注ぎ入れ、すぐに蓋をし、粗熱をとる。
3 冷蔵庫で一晩以上漬ける。

きゅうりのピクルス

コリアンダーシードをさらにプラス。きゅうりにスパイスの香りが加わり、深みが出ます。

材料(作りやすい分量)
きゅうり…2本
コリアンダーシード…小さじ1
ピクルス液(p.88)…適量

作り方
1 きゅうりは2cm厚さの輪切りにする。
2 瓶に1を詰め、コリアンダーシードを加える。熱々のピクルス液をきゅうりがすべてつかるまで注ぎ入れ、すぐに蓋をし、粗熱をとる。
3 冷蔵庫で一晩以上漬ける。

にんじんのカレーピクルス

にんじんは堅いので角切りにし、カレー風味でピクルスの酸味が苦手なかたにも好まれる一品に。

材料(作りやすい分量)
にんじん…小1本
黄色にんじん…小1本
カレー粉…小さじ½
ローリエ…1〜2枚
ピクルス液(p.88)…適量

作り方
1 にんじんと黄にんじんは皮をむき、1.5cm角の拍子木切りにする。
2 瓶に1を詰め、カレー粉とローリエを加える。熱々のピクルス液をにんじんがすべてつかるまで注ぎ入れ、すぐに蓋をし、粗熱をとる。
3 冷蔵庫で一晩以上漬ける。

Part ◆4

いものサラダ

誰にでも好まれるおいしさ、それがいものサラダの魅力。でも、ぼやけた味にならないために、どこかに強いアクセントを。たとえば歯ごたえのある食材と組み合わせたり、濃密なドレッシング、時には酸味をプラスしてバランスをとることでかないます。いつもと一味違う仕上がりになること、間違いなし！

ニース風サラダ

主役のじゃがいもを厚めに切り、ほっくりした甘みと存在感を立たせるのがオギノ流。
味のアクセントとなる素材をちりばめるイメージで、アンチョビも刻まず、手でダイナミックにちぎって旨みをプラスします。
全体を混ぜ合わせないので、食べるごとに味の変化が楽しめます。

材料(2人分)
じゃがいも…2個
ピーマン…1個
フルーツトマト*…1個
ゆで玉子…1個
ブラックオリーブ(みじん切り)
　…5個分
アンチョビフィレ…4枚
フレンチドレッシング(p.9)
　…大さじ2

★ 普通のトマト½個でもよい。

作り方
1 じゃがいもは皮つきのまま鍋に入れ、かぶるくらいの水を入れ、0.6％の塩(分量外)を加える。強火にかけ、沸騰したら弱火にして15分ほどゆでる。
2 1が柔らかくゆで上がったらざるに上げ、軽く冷まして皮をむく。1.5cm厚さの輪切りにする。
3 ピーマンは3mm幅の輪切りに、フルーツトマトは1cm角に切る。ゆで玉子はみじん切りにする(ミモザ玉子)。
4 器に2を並べ、3のピーマンとトマト、ブラックオリーブを散らし、アンチョビフィレを手でちぎってのせる。フレンチドレッシングを回しかけ、3のミモザ玉子を散らす。

Chef's Advice じゃがいもは、皮つきでゆでると煮くずれせず、味も逃げません。いもなので、水から火にかけましょう。塩を入れると早く火が通ります。菜箸などで刺してすっと通ったら、ゆで上がり。皮はやけどしない程度に冷ましてからむきましょう。

ジャーマンポテト

じゃがいものねっとりした食感と甘みがおいしいジャーマンポテト。
僕はそれだけが前面に出るよりも、酸味で味にメリハリをつけたほうが好きなので、ノーマルドレッシングで味つけします。
黒こしょうの風味と厚めのベーコンをプラスして、ガツンと満足度アップ！

材料(2人分)
じゃがいも…2個
玉ねぎ…½個
厚切りベーコン…100g
ノーマルドレッシング(p.8)
　…大さじ3
オリーブオイル…大さじ1
粗びき黒こしょう…適量

作り方

1 じゃがいもは皮つきのまま鍋に入れ、かぶるくらいの水を入れ、0.6％の塩(分量外)を加える。強火にかけ、沸騰したら弱火にして15分ほどゆでる。

2 1が柔らかくゆで上がったらざるに上げ、軽く冷ます。皮をむき、3cm角に切る。

3 玉ねぎは縦に3mm幅の薄切りにし、厚切りベーコンは5mm角の拍子木切りにする。

4 フライパンにオリーブオイルを熱し、中火にして2と3を入れ、角が少しくずれるぐらいよく炒める。ノーマルドレッシングをふり、粗びき黒こしょうを多めに入れ、軽く炒めて味をなじませる。

Chef's Advice ゆでたじゃがいもはよく炒めましょう。少しくずれて甘みが全体に行きわたり、ドレッシングと混ざって全体の味のなじみもよくなります。火にかけたままドレッシングをからませることで、味が入りにくいじゃがいもに酸味がよくしみ込んでくれます。

じゃがいもとコーン、天かすのサラダ

ひと口食べたときのサプライズが、インパクト大！
その秘密は、じゃがいもの中からコーンのプチプチした食感と甘み、天かすのザクザクした歯触りがのぞく食感の楽しさ。
きゅうりの爽やかさで、サラダらしいみずみずしさをプラスしています。

材料(2人分)
じゃがいも…2個
スイートコーン(缶詰)＊…100g
きゅうり…1本
天かす…大さじ2
豆腐シーザードレッシング(p.8)
　…大さじ2

＊コーンはフレッシュが出回る時季は、
ゆでて実をそぎ取って使うとよりおい
しい。

作り方

1 じゃがいもは皮つきのまま鍋に入れ、かぶるくらいの水を入れ、0.6％の塩(分量外)を加える。強火にかけ、沸騰したら弱火にして15分ほどゆでる。

2 1が柔らかくゆで上がったらざるに上げ、軽く冷ます。皮をむき、2cm角に切る。

3 きゅうりはヘタを落とし、1cm角に切る。

4 ボウルに2と3、残りの材料をすべて入れ、よく混ぜ合わせる。

Chef's Advice 〝天かすをサラダに使うなんて意外！〟と思われるかたも多いでしょう。あのサクッとした食感は、野菜の味を損なうことなく、コクと食感をつけてくれる便利な食材なんですよ。ふやけないよう、食べる直前に加えて。

マッシュポテト

じゃがいものまろやかな甘みをシンプルに味わえるように考えたレシピです。
生クリームを加えるレシピもありますが、僕は過剰なコクをつけたくないので牛乳でのばし、なめらかな舌触りに。
サンドウィッチの具や付け合わせにもなるので、ぜひおうちの定番にしてください。

材料(作りやすい分量)
じゃがいも…大2個
牛乳…大さじ3
塩・こしょう…各少々

作り方

1 じゃがいもは皮つきのまま鍋に入れ、かぶるくらいの水を入れ、0.6%の塩(分量外)を加える。強火にかけ、沸騰したら弱火にして15分ほどゆでる。

2 1が柔らかくゆで上がったらざるに上げ、軽く冷まし、皮をむく。

3 ボウルに2を入れ、熱いうちにつぶしながら牛乳を加えしっかりと混ぜ合わせる。足りなければなめらかになるまで、牛乳を少しずつ(分量外)加えながら混ぜる。塩、こしょうで味をととのえる。

Chef's Advice マッシュポテトはじゃがいものおいしさが命! 必ず皮つきのままゆでて、風味をキープしてください。なめらかに仕上げるには、じゃがいもが熱々のうちにつぶすのが絶対条件。冷えるとねばりが出るので注意しましょう。食感がなめらかなメークインがおすすめ。

マッシュポテトで簡単サンドウィッチ

マッシュポテトをマヨネーズ代わりに使うと、さっぱりタイプのサンドウィッチになるんです！
ポテトはどんな素材とも相性がよいので、具は肉でも魚でも、野菜を加えても OK。
何通りでもアレンジが可能です。たっぷり塗るのがおすすめです。

マッシュポテトとチキンの
エスニックサンド

材料(1人分)
鶏もも肉…½枚
マッシュポテト (p.96) …大さじ 2
パクチー (葉の部分) …ひとつかみ
アジア風ドレッシング(p.9) …大さじ 1
オリーブオイル…大さじ½
食パン(8枚切り) …2枚

作り方
1 フライパンにオリーブオイルを熱し、弱火にして鶏もも肉を皮目を下にして入れる。こんがり焼き色がついたら裏返し、同様に焼く。薄くそぎ切りにする。
2 食パンに、マッシュポテトを塗り、1をのせる。
3 アジア風ドレッシングをかけ、パクチーをのせ、もう1枚の食パンでサンドする。少し手で押さえてつぶす。
4 パンの耳を切り落とし、半分に切り分ける。

マッシュポテトと
スモークサーモンのサンドウィッチ

材料(1人分)
スモークサーモン…4枚
マッシュポテト (p.96) …大さじ 2
豆腐シーザードレッシング(p.8) …大さじ 1
食パン(8枚切り) …2枚

作り方
1 食パンの片面にマッシュポテトを塗り広げ、スモークサーモンをのせる。
2 豆腐シーザードレッシングをかけ、もう1枚の食パンでサンドする。少し手で押さえてつぶす。食パンの耳を切り落とし、半分に切り分けても。

マッシュポテトとチキンの
エスニックサンド

マッシュポテトと
スモークサーモンの
サンドウィッチ

里いもとりんご、レーズンのサラダ

土の香りが漂う里いもに、フレッシュなりんごを組み合わせて食べやすく仕上げました。
レーズンの甘みをトッピングし、
さらに酸味があるヨーグルトドレッシングで深みのある味に。

材料(2人分)
里いも…4個
りんご…1個
レーズン…大さじ1
ヨーグルトドレッシング(p.9)
　…大さじ3

作り方
1 里いもは皮つきのまま鍋に入れ、かぶるくらいの水を入れる。0.3％の塩(分量外)を加える。強火にかけ、沸騰したら弱火にし、10分ほどゆでる。
2 菜箸を刺してすっと通る程度にゆで上がったらざるに上げ、そのまま常温になるまで冷ます。
3 2の皮をむき、2cm角の角切りにする。
4 りんごは皮をむき、2cm角の角切りにする。
5 ボウルに3、4を入れ、レーズン、ヨーグルトドレッシングを加えてよく混ぜ合わせる。

Chef's Advice 里いもは、ゆでてから皮をむくほうが簡単です。きちんと冷まして、ぬめりを抑えるのがポイントです。

揚げ里いもとみかんのサラダ

里いもは揚げると外側はカリッと、中はまだ生のようなサクッとした食感に。
土っぽい旨みはそのままに甘みがぐっと増し、水分が抜けた表面に味がしみ込んでよくからみます。
揚げ野菜のコク、ねぎの香ばしさにみかんの甘酸っぱさが三位一体となって、意外なおいしさに。

材料(2人分)
里いも…5個
長ねぎ…1本
みかん★…2個
フレンチドレッシング(p.9)
　…大さじ3
塩…ひとつまみ
揚げ油…適量
オリーブオイル…大さじ1

★オレンジにしても可

作り方

1 里いもは皮をむき、半分に切る。長ねぎは2cm長さに切り、みかんは小房に分けて薄皮をむき、果肉を1cm角に切る。

2 フライパンに揚げ油を熱し、170〜180℃になったら1の里いもを入れ、きつね色になるまで素揚げし、よく油をきる。

3 別のフライパンにオリーブオイルを熱し、中火にして1の長ねぎを入れ、焼き色がつくまで炒める。2を加えて塩をし、軽く炒め合わせる。バットに取り出し、常温になるまで冷ます。

4 ボウルに3を入れ、1のみかんとフレンチドレッシングを加え、よく混ぜ合わせる。

Chef's Advice 素揚げすると、油のコクが加わり、表面の水分も抜けるのでみかん果汁やドレッシングの吸収率がアップ！　みかんやドレッシングのきれいな酸味を生かしたいので、熱が入らないように冷ましてから混ぜるのも鉄則です。

スイートポテトサラダ

甘みたっぷりのさつまいもがサラダになるよう、対照的な味の要素をどんどん重ね、
あえて甘くなりすぎないよう味のバランスをとっています。
ケイパーや生の玉ねぎで辛みを、柑橘類でみずみずしさをプラス。厚揚げが入って食べごたえもあるそうざいサラダです。

材料(2人分)
さつまいも…小2本
玉ねぎ…¼個
オレンジ…1個
厚揚げ…½枚
ケイパーの酢漬け…大さじ1
豆腐シーザードレッシング(p.8)
　…大さじ2

作り方
1 さつまいもは蒸し器で15分程度、柔らかくなるまで蒸す。皮をむいて小さめ
　の角切りにする。
2 玉ねぎは粗みじん切りにし、オレンジは小房に分けて薄皮をむき、果肉を取
　り出す。厚揚げは熱湯をかけて油抜きし、2cm角に切る。
3 1をボウルに入れ、2とケイパーの酢漬け、豆腐シーザードレッシングを加
　えてよく混ぜ合わせる。

Chef's Advice さつまいもの蒸し上がりの目安は、菜箸などがすっと通るぐらい。ゆでる
のは味が抜けるのであまりおすすめしません。冷めてからつぶすとねばりが出るので気を
つけましょう。さつまいもは水分が少なくもさっとした食感なので、果汁たっぷりのオレ
ンジと一緒に食べるとフレッシュ感が出ておいしくなり、味のアクセントにもなります。

さつまいも、トレヴィス、りんごのサラダ

さつまいもの甘みに、トレヴィスのほろ苦さを加えて大人っぽい味わいに。
苦みが際立ちすぎないよう、はちみつ入りの甘いドレッシングでバランスをとっています。
りんごのサクッと弾ける食感と甘さもアクセントに。

材料(2人分)
さつまいも…小1本
トレヴィス…¼個
りんご…¼個
ハニーマスタードドレッシング(p.9)
　…大さじ3

作り方
1　さつまいもは蒸し器で15分程度、柔らかくなるまで蒸し、皮つきのままいちょう切りにする。トレヴィスはせん切りに、りんごは皮をむいて3mm角に切る。
2　ボウルに1を入れ、ハニーマスタードドレッシングを加えてよく混ぜ合わせる。

Chef's Advice　僕は〝いも・栗・南京〟の甘みはおいしいと思いながらも、強すぎる甘みが実はあまり得意ではありません。中庸な味になるよう、苦みや酸味をプラスしてバランスをとることが多いんです。ここではイタリアの苦みの野菜、トレヴィスがいい働きをしてくれます。同じように苦みのあるアンディーブでもおいしいですよ。

焼き長いもとアボカドのアジア風サラダ

長いもを軽く焼くと、火を通した表面だけがザラザラとした
舌触りになり、中の生のサクッとした歯ごたえもキープ。
その違う2つの食感にクリーミーなアボカドを合わせると、
全体がまとまります。ピリ辛のドレッシングが引き締め役に。

材料(2人分)
長いも…6cm程度(120g)
ミニトマト…5個
アボカド…½個
アジア風ドレッシング(p.9)…大さじ3
オリーブオイル…大さじ2

作り方
1 長いもは皮をむき、1.5cm厚さの半月切りにする。
2 フライパンにオリーブオイルを熱し、1を入れ、強火
  で表面に焼き色がつき、ねばりがなくなるまで軽く両
  面を焼く。
3 ミニトマトはヘタを取り、縦半分に切る。アボカドは
  種を取り、スプーンでくりぬく。
4 ボウルに2と3を入れ、アジア風ドレッシングを加え
  て混ぜ合わせる。

Chef's Advice 長いもは、火の通しすぎに注意。焼き加減の目
安は、表面にネバネバがなくなる程度。アボカドはスプーンで
くりぬくと表面も厚みも不ぞろいになり、それで食感や味のか
らみ方に違いが出て、おいしさのニュアンスが出ます。

焼き長いもともやしのサラダ

味がしみ込みにくい淡泊な味の素材に、
複雑な味わいの香味野菜のドレッシングをまとわせ、
全体はスイートチリでキリッと引き締めます。
長いもともやしの異なる食感でお互いを引き立て合います。

材料(2人分)
長いも…6cm程度(120g)
もやし…1袋
スライスアーモンド…大さじ1
スイートチリソース★…大さじ1
野菜ドレッシング(p.8)…大さじ3
オリーブオイル…大さじ2

★タイの甘辛いソース。

作り方
1 長いもは皮をむき、1.5cm厚さの半月切りにする。
2 フライパンにオリーブオイルを熱し、1を並べ入れる。
  強火で表面に焼き色がつき、ねばりがなくなるまで軽
  く両面を焼く。
3 もやしをざるに入れ、熱湯をかけ、水気をよくきる。
4 フライパンでスライスアーモンドを濃いめのきつね
  色になるまでから煎りする。
5 ボウルにスイートチリソースと野菜ドレッシングを
  入れて混ぜ、2、3、4を加え、よく混ぜ合わせる。

Chef's Advice 淡泊な野菜のコクづけには、僕はスライスアー
モンドがいいと思っています。しかも香ばしくすると香りのアク
セントもついて、野菜の淡い味わいが引き立つんです。

Part ⑤

きのこのサラダ

おそうざい感覚で楽しめてワインとの相性もいい、きのこのサラダ。時には煮込んだり、マリネしたり。でも仕上げにドレッシングを加えれば、それも立派なサラダに変身します。火を入れてきのこの旨みをしっかり引き出し、それに負けないコクを加えれば、洗練された味が楽しめます。

しいたけともやしのサラダ

シャキッと歯ごたえを残したもやしに、じんわりと滋味があふれるしいたけ。
一見地味な組み合わせですが、エスニック風の味つけと香ばしいアーモンドをプラスすることで、
ぐっと味のメリハリがついて おいしくいただけます。おかず風なので、ふだんの献立の副菜にも便利。

材料(2人分)
しいたけ…小8個
もやし…1袋
スライスアーモンド…大さじ1
アジア風ドレッシング(p.9)
　　…大さじ9

作り方
1 しいたけは石づきを取り、縦半分に切る。鍋に湯を沸かし、しいたけをざるに入れ、30秒つける。ざるごと引き上げ、流水で冷まし、両手で強く水気を絞る。
2 もやしをざるに入れ、1の湯にさっとつけ、よく水気をきる。
3 フライパンでスライスアーモンドを濃いめのきつね色になるまでから煎りする。
4 ボウルに1、2、3を入れ、アジア風ドレッシングを加えよく混ぜ合わせる。

Chef's Advice ゆでたしいたけを両手できつく絞る！　これがしっかり味を含ませる最大のコツ。旨みにもなる独特の風味も出て、しいたけの個性がアップします。

生マッシュルームとトマト、バジルのサラダ

マッシュルームを大ぶりに切って、生のままの口当たりとフレッシュきのこの香りを存分に堪能します。
チーズたっぷり、クリーミーでまろやかなドレッシングに、
王道の組み合わせ、バジルとトマトでフレッシュ感を加えます。

材料(2人分)
マッシュルーム(ホワイト)…8個
ミニトマト…6個
バジルの葉…5枚
豆腐シーザードレッシング(p.8)
　…大さじ3
粗びき黒こしょう…適量

作り方
1 マッシュルームは4つ割りにする。ミニトマトはヘタを取り、縦半分に切る。
2 ボウルに1を入れ、バジルを手でちぎって加える。豆腐シーザードレッシングも加えてよく混ぜ合わせる。
3 器に2を盛り、粗びき黒こしょうをふる。

Chef's Advice 濃厚なドレッシングの味に負けないよう、食材はすべて大きめにカット。
口の中で最初はドレッシングの味が広がりますが、すぐに素材の味とブレンドされ、おいしいバランスになります。黒こしょうをきかせるのがおすすめ！

生マッシュルームのハニーマスタードサラダ

潔く、使う素材はマッシュルームだけのシンプルサラダ。
甘いはちみつ入りドレッシングであえると、食べた瞬間はかすかな甘みとマスタードの酸味が口に広がり、
すぐにマッシュルームの香りが立ちのぼります。白ワインにもぴったり。

材料(2人分)
マッシュルーム(ホワイト) …8個
ハニーマスタードドレッシング(p.9)
　…大さじ2

作り方
1 マッシュルームを縦3mm厚さに切る。
2 ボウルに1を入れ、ハニーマスタードドレッシングを加え、よく混ぜ合わせる。

Chef's Advice 薄めにスライスするのが鉄則。ドレッシングとのからみがよくなります。

エリンギとしめじのアジア風サラダ

きのこの奥深い風味にナンプラーの熟成香がベストマッチ。
シンプルだけに、きのこの香りを引き出すことを第一に心がけましょう。
大きめに切って歯ごたえを残したエリンギや、しめじのプリッとした食感の楽しさもおいしさです。

材料(2人分)
エリンギ＊…1パック
しめじ＊…1パック
アジア風ドレッシング(p.9)
　…大さじ2

＊まいたけやしめじなど種類を増やすとさらにおいしい。

作り方

1 エリンギは手で大きめに裂く。しめじは石づきを切り落とし、小房に分ける。

2 鍋に湯を沸かし、1をざるに入れ、湯に30秒つける。ざるごと引き上げ、流水で冷まし、水気を両手で強く絞る。

3 ボウルに2を入れ、アジア風ドレッシングを加えてよく混ぜ合わせる。

Chef's Advice エリンギは包丁で切るよりも手で大きく裂くと、断面積が広がって味がからみやすくなります。きのこは軽くゆでて香りを立たせ、最後に水気をぎゅーっとしっかり絞ることで、水っぽくならず、しかも奥まできちんと味が入ります。

まいたけ、マッシュルーム、ベーコンのホットサラダ

味を吸ってくれるきのこは、ベーコンなど旨みたっぷりの素材と相性よし。
食べると相乗効果でさらにおいしくなった旨みがジュワッと口の中に広がります。
ドレッシングのダブル使いでほんのりしたはちみつの甘さとヨーグルトの酸っぱさも加わり、止まらなくなるおいしさに！

材料(2人分)
まいたけ…1パック
マッシュルーム(ホワイト) …8個
厚切りベーコン…60g
メープルマスタードドレッシング★
　…大さじ2
ヨーグルトドレッシング(p.9)
　…大さじ1
オリーブオイル…大さじ1
塩…ひとつまみ

★ハニーマスタードドレッシング(p.9)
のはちみつを同量のメープルシロップに
替えて作ったもの。

作り方

1 まいたけは手で大きめに裂く。マッシュルームは4つ割りにする。ベーコンは1cm角の拍子木切りにする。

2 フライパンにオリーブオイルを熱し、1を入れて強火で炒める。きのこ2種がしなっとして少し焼き色がついたら塩をふり、軽く混ぜ合わせて火を止める。

3 メープルマスタードドレッシングとヨーグルトドレッシングを加え、よく混ぜ合わせる。

Chef's Advice 炒めるときは強火で水分を飛ばすイメージで。きのこの旨みを凝縮させるとともにベーコンの旨みやドレッシングを吸いやすくします。きのこは種類を変えたり増やしたりして、アレンジも楽しんでくださいね！ このサラダではダイナミックな噛みごたえも大切なので、素材はすべて大きめに切りましょう。

しめじのソテーとセロリのサラダ

炒めて風味が際立ったしめじと、香りが強くクセのある生のセロリ。
個性のある素材を組み合わせ、さらに数種類の野菜を合わせた濃厚なドレッシングで、パンチのある味を楽しんで。
きのこと野菜だけなのに、驚くほど食べごたえ抜群です。

材料(2人分)
しめじ…1パック
セロリ…½本
セロリの葉…3枚
ミニトマト…6個
野菜ドレッシング(p.8)…大さじ1
オリーブオイル…小さじ1
塩…ひとつまみ

作り方

1 しめじは石づきを切り落とし、手で小房に分ける。セロリは筋を取り、3cm幅の斜め切りにする。ミニトマトはヘタを取って縦半分に切る。

2 フライパンにオリーブオイルを熱し、1のしめじを入れて強火で炒める。しなっとしたら塩をふり、軽く混ぜ合わせて火を止める。バットに移し、常温になるまで冷ます。

3 ボウルに2と1のセロリとミニトマト、セロリの葉を入れ、野菜ドレッシングを加えてよく混ぜ合わせる。

Chef's Advice ドレッシングに油分があるので、しめじを炒めるときは油は少なめに！仕上げに混ぜ合わせる野菜のシャキッとした歯触りとフレッシュ感を生かすため、きのこは冷まして熱が入らないようにしましょう。

きのこの赤ワイン煮込みサラダ

きのこの滋味とともに立ちのぼる、赤ワインの芳醇な香り。
しっかり煮つめてソースのコクときのこの旨みをギュッと凝縮させます。
ミモザ玉子とドレッシングを上からかけて、見た目にもおしゃれなレストラン風サラダに。

材料(2人分)
しいたけ…小8個
しめじ…1パック
まいたけ…1パック
ゆで玉子…1個
赤ワイン…250㎖
ケチャップ…40g
ウスターソース…20g
ヨーグルトドレッシング(p.9)
　…大さじ2
オリーブオイル…大さじ1
塩・粗びき黒こしょう…各適量

作り方
1 しいたけは石づきを切り落とし、縦半分に切る。しめじは石づきを切り落とし、手で小房に分ける。まいたけは手で大きめに裂く。
2 ゆで玉子はみじん切りにする(ミモザ玉子)。
3 フライパンにオリーブオイルを熱し、1を入れて強火で炒める。少ししなっとなって焼き色がついたら中火にし、赤ワイン、ケチャップ、ウスターソースを加え、ソースが半量ぐらいになるまでグツグツと煮つめる。塩ふたつまみ程度と少したっぷりめの粗びき黒こしょうをふり、味つけをする。バットに移し、常温になるまで冷ます。
4 器に3を盛り、ヨーグルトドレッシングをかけ、2を散らす。

Chef's Advice きのこは強火で水分を抜き、しっかりと焼き色をつけると、旨みも香りも高まります。この状態で赤ワインなどの水分を入れると、すっと吸収して、全体に味の一体感が生まれます。最初から一緒に煮込んでも、この味は出ませんよ。常温に冷ましてなじませると、味がまとまります。

いろいろきのこのマリネ

さまざまな個性のきのこを軽いマリネ仕立てに。
バルサミコ酢できのこを煮つめ、風味を立たせます。
食感も香りも異なるきのこが、はちみつのほのかな甘みとバルサミコ酢の程よい酸味で楽しめます。

材料(2人分)
しいたけ…小8個
しめじ…1パック
まいたけ…1パック
バルサミコ酢…大さじ2
はちみつ…10g
オリーブオイル…大さじ1
塩・粗びき黒こしょう…各適量

作り方
1 しいたけは石づきを切り落とし、縦半分に切る。しめじは石づきを切り落とし、手で小房に分ける。まいたけは手で大きく裂く。
2 フライパンにオリーブオイルを熱し、**1**を入れて塩ひとつまみをふり、中火で炒める。きのこのかさが半量ぐらいになるまで中火で炒め、バルサミコ酢を加えて、混ぜながら煮つめる。水分がなくなってきたらはちみつを入れ、よくからませる。仕上げに塩、少なめの粗びき黒こしょうで味つけをする。
3 バットに**2**を移し、常温になるまで冷ます。

Chef's Advice きのこは、このほかのサラダでは強火で炒めて水分を抜き、そのぶん味を含ませていましたが、これは逆。中火でじっくり炒めて出た水分や旨みを、ソースに移して奥深い味わいにします。常温に冷ますときのこの味が引き立つので、前もって作っておくといいですね。

Part 6

豆や穀類のサラダ

豆や穀類を主役にして、DELIの本領発揮！ 決め手は、野菜やフルーツとの組み合わせ。ホクホク、プチプチした豆や穀類の食感を生かして、葉野菜やジューシーな食材を合わせます。味つけは、フレッシュな酸味や食べやすさを意識して。素朴な豆や穀類のイメージが変わるはず！

レンズ豆とかに、グレープフルーツのサラダ

素朴な味わいのレンズ豆は、ビストロの定番食材。
そのホロッとした食感にグレープフルーツのほろ苦い酸味、かにの旨み、
マスタードのきいたフレンチドレッシングで味に奥行きを持たせ、レストランの前菜風サラダに。
しっかり冷やして白ワインなどと一緒にどうぞ。

材料(2人分)

レンズ豆
　　…25g（ゆで上がり約60g）
グレープフルーツ（ホワイト・ピンク）
　　…各½個
ずわいがに（むき身）…50g
フレンチドレッシング(p.9)
　　…大さじ2

作り方

1 レンズ豆をゆでる。鍋にレンズ豆とたっぷりの水を入れ、塩ひとつまみ（分量外）を入れて中火にかける。沸騰したら弱火にし、15分程度ゆでる。ざるに上げて水気をよくきり、水気を飛ばしながら常温になるまで冷ます。
2 2種のグレープフルーツはそれぞれ小房に分け、薄皮をむく。
3 ボウルに1、2、ずわいがにを入れ、フレンチドレッシングを加えてよく混ぜ合わせる。

Chef's Advice レンズ豆は、弱火でじっくりとゆでましょう。指で押さえて簡単につぶれるぐらいまでしっかり柔らかくなったらゆで終わり。堅めよりも、柔らかいほうがおいしいです。

レンズ豆のあんこはデザートにも！

ゆでたレンズ豆に水と砂糖を加えて炊くと、あんこに変身！
小豆よりもさっぱりとした味を楽しめます。
パンにバターと一緒にのせて食べたり、おやつにも活用度大。

作り方

レンズ豆(100g)をゆで、しっかり柔らかくする（上記1）。鍋にレンズ豆とグラニュー糖50g、水大さじ2を入れ、弱火で水分がなくなるまで炊く。
★レンズ豆のゆで方が足りないと、砂糖を加えて炊いたときに堅くなるので注意。

レンズ豆、水なす、みょうがのサラダ

夏が旬の食材、水なすとみょうがを組み合わせ、野菜ドレッシングで清涼感あふれるサラダに。
レンズ豆のホクホク感と水なすのみずみずしさ、その口当たりは絶妙。
淡い味の食材を組み合わせ、コクのあるドレッシングで全体をまとめます。

材料(2人分)
レンズ豆…30g（ゆで上がり約72g）
水なす…1本
みょうが…3本
野菜ドレッシング(p.8) …大さじ3

作り方
1 レンズ豆をゆで、ざるに上げて冷ます(p.115作り方1)。
2 水なすは2cm角に切り、みょうがは縦に薄切りにする。
3 ボウルに1、2を入れ、野菜ドレッシングを加えてよく混ぜ合わせる。

Chef's Advice 水なすは生でも食べられ、サクッとした食感とたっぷりの水気が特徴です。
普通のなすで作る場合は、塩もみをして、出てきた水分を絞ることでアク抜きをします。

レンズ豆、生ハム、マンゴーのサラダ

淡い味わいのレンズ豆に、甘いマンゴーと生ハムで濃厚な味わいをプラス。
個性的な味の組み合わせを酸味のきいたドレッシングとレモン、ミントで、思いきり爽やかに。
ぜひ作って、驚くほどの味のコントラストを楽しんでみてください。

材料(2人分)
レンズ豆…25g（ゆで上がり約60g）
マンゴー★…½個
生ハム…3枚
ミント…4枚
レモン果汁…½個分
ノーマルドレッシング(p.8)
　…大さじ2

★ 酸味があるペリカンマンゴーがおすすめ。

作り方
1 レンズ豆をゆで、ざるに上げて冷ます（p.115作り方1）。
2 マンゴーは種を取って皮をむき、果肉を2cm角に切る。ミントは細切りにする。
3 ボウルに1、2を入れ、生ハムを手で適当な大きさにちぎって入れる。レモン果汁とノーマルドレッシングを加え、よく混ぜ合わせる。

Chef's Advice マンゴーの中でも酸味があって甘みが控えめのペリカンマンゴーはさっぱりしているので、サラダ向きです。生ハムは大きめにちぎると味にメリハリが出て、存在感も増します。

ひよこ豆と小松菜のサラダ

でんぷん質の豆らしいホクホクとした食感のひよこ豆に、濃厚でクリーミーなドレッシングをまとわせ、
それだけでもおいしいところに、サラダらしくほろ苦い小松菜やトマトを合わせてフレッシュ感を出します。
かくし味のチリパウダーでピリッと辛さをきかせ、引き締まった味わいに。

材料(2人分)
ひよこ豆(水煮)…150g
小松菜…1束
ミニトマト…6個
チリパウダー…小さじ1
豆腐シーザードレッシング(p.8)
　…大さじ2

作り方
1 鍋にひよこ豆を入れて水をひたひたまで注ぎ、中火にかける。沸騰したらざ
　るに上げ、常温になるまで冷ます。
2 鍋に湯をたっぷり沸かし、0.3%の塩(分量外)を入れ、小松菜を根から入れて、
　10秒ほどさっとゆでる。ざるに上げ、流水で冷まし、よく水気を絞る。根
　を切り落とし、2cm長さに切る。ミニトマトはヘタを取り、縦半分に切る。
3 ボウルにチリパウダー、豆腐シーザードレッシングを入れて混ぜ、1と2を
　加えてよく混ぜ合わせる。

Chef's Advice ひよこ豆は一度ゆでこぼし、水煮独特の臭みを取るひと手間で、すっきり
した味わいになります。小松菜はここではシャキッとした歯触りが大事なので、ゆですぎ
に注意！　すぐに冷まして余熱をシャットアウトしましょう。水気をしっかり絞って、サ
ラダの味がボケないように。

ひよこ豆のマッシュ

ひよこ豆のマッシュは、パンと一緒に楽しんだり料理の付け合わせにしたり、変幻自在！
粗めにつぶして粒をしっかり残し、豆の風味を存分に楽しんで。単調になりやすい味を、
フレッシュな玉ねぎやたっぷりのブラックオリーブで、ワインにも合う大人の味のデリサラダに。

材料(2人分)
ひよこ豆(水煮) … 150g
玉ねぎ … ¼個
ブラックオリーブ(種抜き) … 4個
ミント … 12枚
スライスアーモンド … 大さじ 1
ヨーグルトドレッシング(p.9)
　 … 大さじ 6
オリーブオイル … 大さじ 1
お好みのパン … 適量

作り方
1 鍋にひよこ豆を入れて水をひたひたまで注ぎ、中火にかけて沸騰したらざ
　 るに上げる。熱いうちにフードプロセッサーに入れ、ヨーグルトドレッシ
　 ング大さじ4を加え、粒が少し残る程度に攪拌する。へらでつぶしてもよい。
2 玉ねぎとブラックオリーブを粗みじん切りにする。ミントも粗みじん切り
　 にする。
3 スライスアーモンドをフライパンで濃いめのきつね色になるまでから煎り
　 する。
4 器に1を盛り、2と3を散らす。オリーブオイルと残りのヨーグルトドレッ
　 シング大さじ2を回しかけ、お好みのパンを添える。

Chef's Advice ひよこ豆らしさを残すために、細かくつぶしすぎないように。粒が残ると、
噛むごとに新しい味わいが加わって、ひよこ豆をより楽しめます。熱いうちにドレッシン
グと一緒にマッシュするのもコツ。味をしっかりと含んでくれます。

大麦といちじくのサラダ

大麦はプチプチ、もちもちとした弾力のある食感が魅力。いちじくを組み合わせて、デリらしい一皿に。
とろりと甘いいちじくに、ルッコラの苦みを加えて。
さらにバルサミコ酢の芳醇な酸味もかけ合わせ、味に深みを持たせています。

材料(2人分)

大麦…25g(ゆでたもの80g)

いちじく ★¹…3個

グリーンオリーブ(種抜き)…5個

ルッコラ…10枚

バルサミコドレッシング★²
 …大さじ2

★1 洋なしやネクタリンなど、少しねっとりして甘みのあるフルーツで作るのもおすすめ。

★2 ノーマルドレッシング(p.8)のヴィネガーを、同量のバルサミコ酢に替えて作ったもの。

作り方

1 大麦をゆでる。鍋に大麦とたっぷりの水を入れ、塩ひとつまみ(分量外)を加え、中火にかける。沸騰したら弱火にし、10分ゆでる。ざるに上げてよく水気をきり、常温になるまで冷ます。

2 いちじくを縦4等分にする。グリーンオリーブは3mm幅の輪切りにする。

3 ボウルに1、2、ルッコラを入れ、バルサミコドレッシングを加えてよく混ぜ合わせる。

Chef's Advice 作りおくと大麦がドレッシングをどんどん吸っていきます。まろやかに仕上げるために、ドレッシングに使うヴィネガーを白ワインヴィネガーからバルサミコ酢に替え、酸味を抑えて甘みが強い味つけに。大麦やいちじくとの相性も、強い酸味よりもまろやかな味のほうがいいですね。

大麦とレーズンのサラダ カレー風味

食物繊維がたっぷりの大麦は健康食材として人気。カレー風味と甘いレーズンを合わせ、ドライカレー感覚のサラダに。
サニーレタスやトマトなどサラダでおなじみの野菜も、
野菜だけで作る複雑で濃厚なドレッシングとカレー粉を合わせ、さっぱりしながらもガツンとパンチがきいた味わいです。

材料(2人分)
大麦…25g(ゆでたもの80g)
サニーレタス…2枚
ミニトマト(赤・黄)…各3個
レーズン…大さじ1
カレー粉…小さじ½
野菜ドレッシング(p.8)…大さじ2

作り方
1 大麦をゆで、ざるに上げて冷ます(p.120作り方1)。
2 サニーレタスは手でちぎり、2種のミニトマトはヘタを取って縦半分に切る。
3 ボウルにカレー粉と野菜ドレッシングを入れて混ぜる。その中に1、2、レーズンを加え、しっかり混ぜ合わせる。

Chef's Advice サニーレタスは、大きめのざく切りにして存在感を際立たせます。ドレッシングを含んだ大麦をしっかりからめて。

ゆで上がりの状態

キヌアとライムのサラダ

体にいいと女性に特に人気の食材、キヌアを〝爽やかさ全開〟の味つけで！
僕のレシピで一番酸味の強いノーマルドレッシングに、さらにライムの果肉をプラス。
爽やかな柑橘の酸味と香りを立たせます。生のピーマンの歯触りやほろ苦さがアクセント。

材料(2人分)
キヌア…17g（ゆでたもの60g）
ライム…½個
ピーマン…2個
セロリ…½本
サニーレタス…2枚
ノーマルドレッシング(p.8)
　…大さじ2

作り方
1 キヌアをゆでる。鍋にキヌアとたっぷりの水を入れ、塩ひとつまみ（分量外）を加え、中火にかける。沸騰したら弱火にし、20分ゆでる。ざるに上げてよく水気をきり、常温になるまで冷ます。
2 ライムは果肉を1cm角に切る。ピーマンは縦半分に切ってヘタと種を取り、横に細切りにする。セロリは堅い筋を取り、2mm幅の斜め薄切りにする。サニーレタスはざく切りにする。
3 ボウルに1、2を入れ、ノーマルドレッシングを加えてよく混ぜ合わせる。

Chef's Advice 水分をしっかりきるため、長めにおきます。キヌアは無味なので、全体的に濃いめの味つけにしたほうがおいしくいただけます。ピーマンは横に切ることで柔らかくなり、口の中に繊維も残りませんよ。

ゆで上がりの状態

キヌアとドライトマトのリゾット風サラダ

ドライトマトの凝縮した甘酸っぱさを移した鶏のスープをキヌアにたっぷりと含ませ、リゾット風に。
仕上げにパクチーでフレッシュ感と青々しい香りを合わせているから、これも僕にとってはサラダなんです。
ドレッシングとパクチーでエスニック風味にし、食べ飽きない一品に。

材料(2人分)
キヌア…17g (ゆでたもの60g)
ドライトマト…4個
松の実…ひとつかみ
パクチー(ざく切り)…ひとつかみ
鶏ガラスープの素(顆粒)
　　…小さじ½
水…50㎖
アジア風ドレッシング(p.9)
　　…大さじ2

作り方
1 キヌアをゆで、ざるに上げて冷ます(p.122作り方1)。
2 ドライトマトはざく切りにする。
3 鍋に1と2を入れ、水、鶏ガラスープの素を加える。中火にかけ、軽く沸騰したら火を止め、そのまま粗熱をとる。
4 フライパンで松の実を濃いめのきつね色になるまでから煎りする。
5 器に3を盛り、4とパクチーを散らし、アジア風ドレッシングを回しかける。全体をよく混ぜていただく。

Chef's Advice キヌアはそれ自体にこれといった味がないので、ドライトマトを入れた旨みたっぷり鶏ガラスープで軽く煮て、芯までしっかり味を含ませてください。

材料別さくいん

荻野伸也 おぎの・しんや

1978年、愛知県生まれ。都内の小さなフレンチレストランを中心に修業を積み、2007年、28歳のときに独立し、「レストランOGINO」をオープン。2012年、東京・代官山に〝手間のかかったスロウフードをファストフード感覚で提供したい〟との思いから「ターブルオギノ」をオープン。品川、渋谷、湘南などにも展開している。

「ターブルオギノ」代官山本店
東京都渋谷区代官山町14-10
　Luz代官山1・2F
電話 03-6277-5715
http://www.table-ogino.com/

撮影　木村 拓(東京料理写真)
ブックデザイン　縄田智子　L'espace
取材　楠井佑介
校正　株式会社円水社
編集・構成　原田敬子、北野智子(世界文化社)

「ターブルオギノ」のDELIサラダ

発行日　2015年8月20日　初版第1刷発行

著　者　荻野伸也
発行者　小穴康二
発　行　株式会社世界文化社
　　　　〒102-8187
　　　　東京都千代田区九段北4-2-29
　　　　電話 03-3262-6483(編集部)
　　　　　　 03-3262-5115(販売部)
印刷・製本　凸版印刷株式会社
DTP製作　株式会社明昌堂
© Shinya Ogino, 2015. Printed in Japan
ISBN 978-4-418-15320-6